El mundo es un teatro

Mercedes Segura Amat

El mundo es un teatro

La guía definitiva para comunicar con pasión y convicción

Urano

Argentina – Chile – Colombia – España
Estados Unidos – México – Perú – Uruguay

ÍNDICE

PRÓLOGO DE LA AUTORA

El mundo entero es un escenario;
y todos los hombres y mujeres son meros actores;
tienen sus salidas y sus entradas;
y un hombre en su tiempo desempeña muchos papeles.

WILLIAM SHAKESPEARE [1]

Siempre quise ser actriz, desde pequeñita. Me gustaba hacer el payaso, imitar a los adultos, a los políticos, a los famosos. Me fascinaba el mundo de la interpretación, en todas sus formas: teatro, cine… Cuando llegó el momento de escoger los estudios universitarios me planteé matricularme en Arte Dramático. Pero a mis padres lo del teatro no les parecía «adecuado» para una chica como yo, buena estudiante, responsable. Y no supe oponerme, no encontré argumentos de peso, más allá de que me gustara actuar, no se me ocurrieron razones económicamente sostenibles. «Serás una muerta de hambre», sentenció mi padre. Lo entendí, probablemente estaba en lo cierto, y sentí que no podía fallarles. Entre ellos y las monjas del colegio me convencieron para que estudiara empresariales. Aparqué el teatro y me

---

1. En el original en inglés, dicho por Jaques: «All the world's a stage, / And all the men and women merely players; / They have their exits and their entrances; / And one man in his time plays many parts». *Como gustéis*, acto II, escena VII.

matriculé en una escuela de negocios, Esade. «Ya habrá tiempo para hacer teatro después», me dijeron.

Realmente tenían razón, pues, aunque no me he dedicado enteramente al teatro, y una parte de mi carrera ha estado ligada al mundo corporativo, «tiempo para hacer teatro» ha habido, y mucho.

Durante años, a pesar de que mi trabajo como ejecutiva de una multinacional hacía que mi vida fuera muy activa, en paralelo me formé como actriz y actué en grupos de aficionados. Mientras trabajaba en *marketing* en Arbora, estudié interpretación en la escuela de Nancy Tuñón, en las clases nocturnas. Cuando vivía en Luxemburgo y siendo directora de *marketing* de PricewaterhouseCoopers, monté un grupo de teatro, Theatrum, y actué con ellos durante cuatro años. Después, en Madrid y más tarde en Barcelona, seguí formándome: preparación expresiva con Juan Carlos Corazza, actuación a cámara con Pep Armengol y también con Esteve Rovira... He participado en cortometrajes de amigos, y por fin he producido y también dirigido obras de teatro. El mundo de la actuación siempre ha estado cerca de mí, tanto cuando era directora de una empresa como en la siguiente etapa, como productora teatral y profesora de universidad.

Me ha acompañado de forma explícita, por las actividades que he puesto en marcha en ese ámbito: el grupo de teatro, la producción de obras, las clases de interpretación... Pero también de manera implícita, el teatro siempre ha estado ahí. En cada presentación del lanzamiento de un producto al equipo de ventas, en cada reunión del Departamento de Marketing, en cada rueda de prensa, en cada entrevista para un nuevo trabajo, en cada junta del club de tenis del que soy miembro, en cada asamblea de la asociación de padres del colegio de mis hijos… siento que se desarrolla una escena teatral. Cuando en esas ocasiones algo ha fallado, y la comunicación no ha sido del todo fluida, o el orador y sus oyentes no han conectado de forma completa, o la emoción no ha traspasado desde el escenario hasta la platea, he sentido frustración por no haberlo preparado como profesional del espectáculo que soy. «¡Ay! Si lo hubiéramos ensayado un poco más, o si hubiéramos entendido para quién hablábamos y hubiéramos adaptado el discurso, o si hubiéramos aprovechado el lugar, o si…». Si hubiéramos aceptado que aquello era una escena teatral y como consecuencia hubiéramos ensayado como buenos actores. ¡Cuántos errores de comunicación se hubieran podido anticipar!

Analicemos una escena que todos los amantes del fútbol han presenciado alguna vez: las declaraciones de un jugador al acabar el partido. El periodista lo aborda, micrófono en mano, y el futbolista se expresa más o menos en estos términos:

«Bueno, eeeh, eeeh, hoy ha sido complicado, en la primera parte… bueno, esto… ellos han tenido más el balón, y bueno, nosotros tuvimos oportunidades, pero no pudimos concretarlas… eeeh, y hay que seguir jugando, eeeh, intentar hacer nuestro juego, y así es el futbol, a veces se gana y a veces se pierde…».

No puedo evitar pensar: «¡Otra ocasión de comunicación perdida!». ¿Por qué todas las declaraciones de futbolistas se parecen? Les falta estructura, contenido, la expresividad es pobre y con muletillas. Los grandes futbolistas son ídolos por su virtuosísimo en el juego; si supieran ponerle palabras a esa excelencia, sería admirable, además de influir positivamente en todos los jóvenes fans. ¿Qué pasaría si cada jugador, sabiendo que al acabar el partido va a verse rodeado de alcachofas pidiendo su opinión, se preparara la respuesta? Si dedicara dos minutos, en el vestuario, antes de enfrentarse a la prensa, a estructurar su mensaje: qué voy a decir, por qué, cómo, con qué palabras, qué ejemplos concretos, qué mensaje de cierre quiero transmitir, qué emociones expresar.

«El mundo entero es un escenario», declaró Shakespeare, ¡qué gran verdad! Todo es teatro, vivimos en un escenario y nos pasamos el día actuando. Esa es la primera enseñanza que deseo transmitir a mis alumnos y clientes. Quienes comprenden esto y lo interiorizan, abren su mirada y aprovechan cada ocasión. Empiezan a sentirse actores o actrices, y, cada vez que hablan, están actuando. Ese cambio eleva automáticamente la calidad de su comunicación, pues su planteamiento es más consciente, más amplio, y tienen en consideración aspectos que los demás pasan por alto.

Desde hace años me dedico a ayudar a los directivos, a la gente de empresa, y a no-actores en general, a comunicarse mejor a través de técnicas de actuación. Trabajo con mis clientes y alumnos desde ese paralelismo, porque cada acto de comunicación —cada presentación a clientes, cada negociación, cada junta de accionistas— es una escena teatral. Les enseño a ofrecer la mejor versión de sí mismos y a no dejar ningún elemento al azar: ni el texto ni la escenografía, el vestuario o la conexión con el público… Y se preparan, es decir, ¡ensayan! Ensayan la intención de su mensaje y la gestualidad frente al espejo, aprenden a conocerse visualmente, y ensayan en el espacio en el que después actuarán. Todo esto mejora su actuación.

Nuestra vida es como una gran función y me fascina todo lo que podemos ofrecer al público para cautivarlo. Tenemos que aprender mucho sobre entrega y generosidad observando a los grandes comunicadores de la historia de la humanidad.

Por ejemplo, cuando Nelson Mandela hablaba ante su pueblo cuidaba la vestimenta, escogía camisas estampadas que representaban a los que no podían ir con traje, le acompañaban canciones con un significado especial, el tempo de su voz, su mirada, su sonrisa... Esos símbolos estaban pensados para conectar con su audiencia, formaban parte de ese deseo de entregarse. Madiba utilizaba todos los elementos escenográficos a su alcance. ¿Finge quien se comporta así? ¿Hay algo de malo en ello? No, solo un deseo sincero de conexión con el público.

Cuando el presidente de Ucrania, Volodímir Zelenski, visitó la Casa Blanca en marzo de 2025, un periodista estadounidense le planteó la desafortunada pregunta:

—¿Por qué no lleva usted traje?

A lo que él respondió con acierto:

—Me pondré uno cuando esta guerra acabe.

Zelenski ha demostrado, en estos tres años y medio de contienda, ser un líder de una resiliencia excepcional, motivador, cercano; ha sabido inspirar a su nación y al mundo. Y no podemos olvidar que antes de político fue actor, productor y director de cine y de televisión, es un gran orador y domina los resortes del mundo del espectáculo. También el simbolismo del vestuario.

A veces encuentro personas reticentes a aceptar la relación entre ambos mundos. ¿Teatro y empresa? ¿En serio? ¿Y no es eso muy raro? Di una ponencia sobre comunicación basada en técnicas actorales ante un círculo empresarial de Barcelona. La charla gustó mucho, aunque al principio discutí con el organizador pues me pidió que quitara las referencias al teatro del comunicado que anunciaba la sesión a sus socios:

«No lo van a entender, son gente seria».

Me quedé atónita, yo también soy seria, y precisamente porque me tomo muy en serio la comunicación efectiva, creo que la perspectiva del actor es fundamental. Y si algo he entendido en todos estos años en los que he combinado teatro y empresa, es que todos nos pasamos el día actuando. Da igual a qué te dediques, necesitas comunicarte, y comunicarte es actuar.

En las próximas páginas, el lector encontrará un montón de razones para abrazar el universo del teatro y de la interpretación en general, y similitudes entre su mundo, sea el que sea, y el de un actor. Y, sobre todo, hallará las claves para mejorar como comunicador, para desarrollar sus habilidades al expresarse frente a un público, ya sea este reducido, como en el caso de una entrevista para un nuevo trabajo, de tamaño intermedio, como en una asociación vecinal, o un amplio auditorio. Entenderá cuán parecido es su cosmos, el de un no-actor, al de un actor, y cuánta razón tenía Shakespeare: todos actuamos y lo único que separa a actores y no-actores es que los segundos interpretan sin saberlo.

Empezamos.

Se abre el telón.

SHAKESPEARE LO SUPO ANTES

En una magnífica escena de *Hamlet*, el príncipe recibe a una compañía ambulante de actores en el castillo de Elsinor que actuarán ante el rey y la reina. Él decide retocar la obra para revelar quién es el asesino de su padre. Teatro dentro del teatro para desvelar un misterio. Genial, ¿no? El príncipe declara: «El propósito de la representación, tanto al principio como ahora, fue y es, servir de espejo a la naturaleza: mostrar a la virtud sus dimensiones, al vicio su retrato y a la edad y cuerpo del tiempo su forma y sello».[2] El teatro como reflejo de la naturaleza, el teatro para entender el mundo e incluso ¡cambiarlo!

Cuando decidí dedicarme a ayudar a la gente a comunicar mejor a través de técnicas de actuación, pedí consejo a mi directora teatral en Luxemburgo.

«Debes ir a las fuentes, empieza por el maestro —dijo entregándome una carpeta con textos—. Empápate de esto, ahí están las respuestas».

---

2. En el original en inglés: «For the purpose of playing, whose end, both at the first and now, was and is, to hold, as 'twere, the mirror up to nature: to show virtue her own feature, scorn her own image, and the very age and body of the time his form and pressure». *Hamlet,* acto III, escena II.

Eran trozos de diálogos de obras de Shakespeare, algunos los habíamos trabajado con el grupo, otros los desconocía. Me quedé prendada. Entendí lo que tantos amantes del teatro habían descubierto antes que yo, que todo estaba en Shakespeare, él comprendía el alma humana como nadie y por ende, la dinámica del lenguaje. Algunas de sus frases fueron como bofetadas en la cara: «Ten más de cuanto muestras, habla menos de cuanto sabes».[3] ¿Qué mejor consejo de comunicación o incluso de estrategia se le podía dar a un líder? Yo no tenía que inventar nada, Shakespeare lo había visto mucho antes. Él, en el siglo XVII, ya entendió que los humanos padecían por no ser capaces de comunicarse, por enredarse en sus dudas y malentendidos, y seguirían sufriendo siglos después. Por eso nos dejó pistas, para no perdernos.

Sus obras son idóneas para hablar de comunicación, pues exploran todas las facetas del lenguaje: la persuasión, la manipulación, la seducción, el engaño, la verdad, la emoción, el poder... Todo lo que hoy usamos al comunicarnos está ya en sus textos. Desde discursos políticos hasta confesiones de amor, Shakespeare lo cubrió todo. Empecé a apuntar frases suyas y a utilizarlas en mis clases. Vi que los alumnos conectaban con sus ideas como si fueran actuales: «No des voz a todos tus pensamientos».[4] ¡Qué ingeniosa sentencia! Hoy, en la era de las redes sociales, de la inmediatez, de jefes de Estado que publican tuits incendiarios de madrugada sin pensar, es casi más cierta que nunca.

---

3. En el original en inglés: «Have more than you show, speak less than you know». *El rey Lear*, acto I, escena IV.

4. En el original en inglés: «Give thy thoughts no tongue». *Hamlet*, acto I, escena III.

Por supuesto, hay muchos grandes oradores. En mis ponencias, uso citas de Steve Jobs con frecuencia, también de Winston Churchill, y tengo los libros de las memorias de Barack y Michelle Obama subrayadísimos. Los admiro, también como comunicadores. Pero las frases de Shakespeare son atemporales, porque la comunicación entre humanos no ha cambiado en lo esencial: seguimos usando la voz, la mirada, los gestos y las palabras para convencer, emocionar o engañar... ¡Y, sobre todo, seguimos sin saber expresar cómo nos sentimos de verdad, y sin entendernos!

El personaje de Katherina, en la obra *La fierecilla domada*, muestra su frustración y enfado porque ha callado sus emociones: «Mi lengua dirá la ira de mi corazón, o de lo contrario, mi corazón, al ocultarla, se romperá».[5] Cuántas veces no somos capaces de expresar nuestros auténticos sentimientos, anhelos, emociones o necesidades y somos malinterpretados o incomprendidos. Esto nos genera tanta decepción... Katherina se enfrenta a la tensa relación amorosa que mantiene con su esposo, Petruchio, pero en nuestro caso, los conflictos pueden surgir de temas aparentemente menores, como una gestión administrativa que no se resuelve o una conversación telefónica con un operador que se eterniza, pues quien está al otro lado no ha entendido nuestro problema.

Por otro lado, cuánta gente habla y habla y no dice nada. Escucharlas nos revuelve por dentro. «Hablas una cantidad infinita de nada»,[6] sentencia Bassiano sobre su amigo Graciano en *El mercader de Venecia*. No conseguimos entendernos

---

5. En el original en inglés: «My tongue will tell the anger of my heart, or else my heart concealing it will break». *La fierecilla domada,* acto IV, escena III.

6. En el original en inglés: «Gratiano speaks an infinite deal of nothing, more than any man in all Venice». *El mercader de Venecia,* acto I, escena I.

con quien habla, porque sí, ¡cuánta palabrería vacía y sin sentido soportamos!

Necesitamos a Shakespeare, ya que seguimos teniendo problemas para comunicarnos con los demás, y sus ideas siguen vigentes porque describen verdades universales.

El lenguaje del autor inglés es extremadamente rico y adaptable, sus frases pueden interpretarse en distintos niveles y aplicarse a diferentes contextos. Por eso, una línea de Julio César puede encajar en un discurso moderno sobre liderazgo, comunicación o influencia. Además, Shakespeare creó personajes que dominaron la oratoria: algunos de los discursos más poderosos de la literatura son de sus protagonistas.

Hay réplicas especialmente famosas, como el discurso fúnebre de Marco Antonio en la obra *Julio César*. Empieza así:

Amigos, romanos, compatriotas, prestadme oído;
vengo a enterrar a César, no a alabarlo.
El mal que hacen los hombres les sobrevive,
pero el bien queda a menudo sepultado con sus
huesos;
que así sea con César.[7]

Comienza con la pretensión de no alabar a César, a lo largo del discurso va guiando a los ciudadanos allí presentes, en el foro de Roma, hasta que consigue llevarlos al lugar opuesto del que partían. Desde el amor por Roma, pasa a la labor de César, para llegar a exponer la injusticia de su muerte y

---

7. En el original en inglés: «Friends, Romans, countrymen, lend me your ears; / I come to bury Caesar, not to praise him. / The evil that men do lives after them; / The good is oft interred with their bones; / So let it be with Caesar». *Julio César*, acto III, escena II.

desenmascarar a sus conspiradores y asesinos. Qué gran ejemplo de persuasión, retórica y manipulación. ¡Magistral!

Shakespeare lo exploró todo en cuanto a la palabra hablada, la expresión emocional y la persuasión. ¿Podríamos vivir solo con sus citas para hablar de comunicación? A riesgo de parecer una *groupie*, diría que sí, el tipo era un maldito genio. Si solo tuviéramos a Shakespeare, nos las arreglaríamos bastante bien.

ACTO I

EL PARALELISMO ENTRE UN ACTOR Y UN NO-ACTOR

En esta primera parte, voy a establecer un paralelismo entre una obra de teatro y cualquier acto de comunicación. Para llevar una pieza a las tablas necesitamos cuatro elementos esenciales: un actor o una actriz, un texto, un escenario y público. La traslación al encuentro entre dos o más personas en la vida cotidiana es sencilla. Quien habla es la actriz o el actor, quien escucha es el público, el lugar donde se produce la comunicación es el escenario y lo que se explica es el texto. Aunque las situaciones de comunicación puedan ser de lo más variado, este esquema será siempre el mismo. Veamos algunos ejemplos:

- En una tienda de zapatos, la dependienta es la actriz y el cliente es el público. El texto es el argumentario de ventas y el escenario es la propia tienda, con su particular escenografía, las vitrinas y las estanterías con productos, los asientos para probarse el calzado, el mostrador... Todos los elementos escénicos pueden influir: la iluminación del local, la comodidad de las sillas o sillones para calzarse, la disposición de los zapatos (por tipo de material, por género, por colores, por ocasión de uso...). No son decisiones baladíes, o no deberían serlo, pues pueden determinar el éxito o el fracaso de ese acto de comunicación que es la venta de unos zapatos.

- En una entrevista para un nuevo trabajo, el candidato es el actor principal y el entrevistador puede ser público, cuando escucha, o actor secundario, cuando interroga. El texto será el currículum, las habilidades, la idoneidad para el puesto... El escenario es la oficina donde tenga lugar esa entrevista. ¿Será siempre un despacho? No necesariamente, escojamos el lugar en función de lo que deseemos transmitir, como haría el escenógrafo en una obra de teatro. En mi primera entrevista para trabajar en el grupo Reckitt Benckiser en Milán, el director de ventas me llevó a comer a un restaurante de la ciudad. Recuerdo un almuerzo tenso, al menos para mí, ya que debía estar atenta a ser brillante en mis respuestas y al mismo tiempo comer adecuadamente los *spaghetti alle vongole* —en Italia siempre se come pasta, y él me aconsejó ese plato; me pareció correcto aceptar su sugerencia—, aislarme del ruido del lugar, ser simpática y educada al mismo tiempo. Acabé exhausta. Me contrataron. Después me confesó que me quiso poner a prueba, escogió el escenario más retador para una joven poco experimentada.

- En un funeral, el intérprete es el familiar o amigo que decide hablar, el texto es el discurso, el público son los asistentes al acto, el escenario es el altar y el templo. No produce el mismo efecto hacerlo en una pequeña capilla que en una gran iglesia, en una ermita antigua o en un oratorio moderno y frío, sobre un suelo de piedra o uno de mármol, cada lugar transmite connotaciones a nuestra actuación. Hay además elementos escenográficos que nos pueden afectar: velas encendidas, olor a incienso, música en vivo o enlatada, proximidad de los familiares queridos en el primer banco, atril con micro o sin... Todo eso condiciona nuestra forma de expresarnos.

Tanto en situaciones de empresa (la reunión del consejo, una exposición ante tus empleados, una entrevista para un nuevo puesto...) como fuera de ella (la presentación del trabajo de fin de grado o de máster, reuniones vecinales, una visita médica de especial relevancia por el posible diagnóstico, asambleas de alumnos en el colegio, discursos en encuentros familiares, en bodas, charlas padres-hijos, un deportista que recibe una copa tras su triunfo...), el patrón se repetirá: actores, público, texto, escenario. El lector avezado alegará que, contrariamente a lo que sucede en una obra de teatro, el texto en la vida real no es siempre inalterable. Cierto, en muchas ocasiones, como en la venta de un producto o una entrevista laboral, uno puede llevar un guion previo, con las posibles preguntas, pero después deberá adaptarse a lo que surja en la conversación. Y eso exige prepararse para después improvisar, como los buenos actores. Hablaremos en detalle de este proceso en el capítulo sobre improvisación y ensayo.

El carácter efímero del acto escénico

En nuestro país, tan solo una de cada cuatro personas va a un espectáculo teatral alguna vez.[8] Las artes escénicas son

8. Encuesta de Hábitos y Prácticas Culturales en España, INE, 2024.

algo minoritario. Y, sin embargo, todo arte que se desarrolla sobre un escenario es intrínsecamente humano —incluiríamos la música en vivo aquí—, pues es el único que necesita de la presencia humana para ser. El resto de las manifestaciones culturales —cine, literatura, pintura, escultura...— pueden consumirse sin la necesidad de interacción con otros humanos. En un espectáculo no es posible, su condición misma exige la presencia, la inmediatez del directo. Eso es mágico, pues lo convierte en un arte, por un lado, efímero, y por el otro, en algo único, por cuanto cada noche, cada función, cada concierto es irrepetible. Las actuaciones pueden parecerse, pero nunca serán idénticas, nunca; quienes participan no son máquinas y, por tanto, no pueden replicar su trabajo como si de una cadena de producción se tratara. Esto no sucede con el pase de una película o la impresión de un libro.

El carácter efímero del acto escénico lo convierte en algo singular, y, de la misma forma, cada acto de comunicación es único. Para el profesor que enseña matemáticas en un colegio desde hace años, aunque cada curso imparta la misma materia, sus clases no son idénticas. Primero, porque los alumnos cambian, y sus personalidades, su interés o no por la materia, sus conocimientos previos, su predisposición y la relación que tienen entre ellos influyen directamente en cómo el profesor se comporta. Segundo, porque él nunca es el mismo: su estado anímico, sus circunstancias personales pueden variar y, por tanto, también afectar a su forma de enseñar. Y tercero, porque hay un montón de circunstancias que parecen secundarias pero pueden influir en el resultado, tales como el momento del año, el libro de texto que se utilice, el aula física donde se imparta la materia, la disposición de los pupitres en esta, el estado de los materiales (la pizarra, el papelógrafo, el proyector...), etcétera.

Cada mañana, el lector probablemente saluda a las mismas personas cuando llega a su trabajo. Tal vez al recepcionista, al vigilante del garaje donde estaciona su coche o a aquellos compañeros con los que comparte tareas. Aunque así sea, ese mínimo acto de comunicación es diverso cada vez, pues siempre cambia algo en el entorno, en la música ambiental, en el paisaje o en uno mismo. La comunicación es como un río, siempre está fluyendo y siempre es diferente. Si tomamos conciencia de eso, entendemos la magia irrepetible de cada acto de comunicación.

Hablar es actuar

Yo veo muy directa la conexión entre actores y no-actores, entre el mundo de la actuación y la vida real. Nos pasamos el día comunicando, en casa, con la familia, en el trabajo, en el colegio de los niños, con los vecinos, cuando cenamos con amigos, cuando vamos a comprar, cuando hacemos deporte, cuando visitamos al médico... Y en muchas de estas ocasiones, especialmente en entornos profesionales, pero también en aquellos en los que consideramos que nuestros sentimientos no tienen cabida, debemos ser «objetivos»; como la reunión de vecinos de nuestra comunidad, a menudo dejamos de un lado las emociones. O más bien, lo intentamos. Puesto que somos seres emocionales, todo lo que pasa por nuestro corazón y nuestra mente nos afecta, condiciona el modo en que nos expresamos y el modo en que nos ven. Cada vez que comunicamos, nuestras emociones juegan un rol fundamental. Y al final, ¿qué es el teatro? Una forma de comunicación basada en las emociones. Los actores son grandes expertos en comunicar desde la emoción. Con lo cual, sí, y rotundamente sí, los actores pueden ayudar a los no-actores, a los profesionales de cualquier sector, a cualquier persona, a ser más empática, a disfrutar más, a mostrar su mejor versión cuando comunica.

¿Qué quiere el actor cuando sube al escenario? Conectar con su público, ser comprendido, empatizar, emocionar. Y ¿qué desea cualquier persona cuando habla? Lo mismo que un actor: ser escuchada y comprendida, conectar con quien tiene delante. Y aún diría más, ¡anhela ser memorable! Todos quisiéramos ser recordados. Siempre pregunto a mis alumnos: de todos los profesores que habéis tenido en la carrera, ¿a cuántos recordaréis? Es una pregunta agridulce, pues los que tenemos cierta edad sabemos que olvidarán a la mayoría de sus educadores, tal y como nos pasó a nosotros en su día. Sin embargo, no debemos conformarnos, tenemos que trabajar para destacar, para ser memorables, como los buenos actores. Todos, actores y no-actores, queremos lo mismo, tocar el corazón y la mente de quienes nos escuchan.

Actuar no es fingir

Se acostumbra a identificar el mundo de la interpretación con el de la simulación y el artificio. Quien actúa hace ver que es otra persona, por tanto, finge. Cuando calificas a alguien de «teatrero», estás sugiriendo que no es sincero, que exagera o, directamente, que miente.

Sin embargo, aquellos lectores que amen el teatro o acudan alguna vez a un espectáculo saben que **los buenos actores no mienten**, no pueden hacerlo si desean convencer.

A mi marido no le gusta mucho el teatro. No le culpo, va poco, y las veces que ha ido, arrastrado por una servidora, no ha tenido suerte. Le han tocado obras un poco flojas, en las que los actores no convencían. Es el inconveniente del teatro: cuando no te lo crees, se vuelve un tostón. En el cine, aunque la película no te guste, siempre puedes distraerte con la música o la fotografía…, siempre nos quedará Brad Pitt, en pocas palabras. En el teatro no, si la obra no te gusta no hay escapatoria, estás tú frente a los actores, no hay nada con lo que entretenerse, pues por lo general la escenografía es sencilla, nada que ver con los efectos especiales de *Harry Potter*. Ah, pero cuando el teatro es bueno…, ¡resulta maravilloso! Si el actor te convence, si te lo crees, entonces lo sientes tan cercano que te llega al corazón, te toca en lo más hondo. Cuando eso ocurre, Núria Espert desaparece del escenario y solo queda María Callas,[9] la gran diva de la ópera. Decimos entonces que la actriz tiene «sentido de la verdad». Eso como público te eleva y te hace experimentar una autenticidad única. ¿Por qué? Porque tienes a la actriz allí delante, la oyes respirar, sus ojos se clavan en los tuyos. Esa experiencia no tiene precio.

Tuve la suerte de disfrutar de la interpretación de la actriz Blanca Portillo en el papel de la madre de Jesucristo en *El testamento de María*, de Colm Tóibín.[10] La gran dama de la escena que es la Portillo nos dio un recital en el que ni por un momento la vi, en escena solo estaba María, que dudaba y sufría por la vida de predicador que llevaba su hijo, y se desgarraba cuando los romanos lo arrestaban. Como mujer y

9. A finales de los noventa, la actriz Núria Espert interpretó a María Callas en la obra *Master Class*, de Terrence McNally, dirigida por Mario Gas.

10. Dirigida por Agustí Villaronga y representada en la capilla del MACBA, en Barcelona en 2014.

madre conecté mucho con su dolor. A mi lado estaba sentado un productor teatral, y al verme tan emocionada me susurró:

«A Blanca no se le ve el trabajo».

Es el mejor cumplido que se le puede hacer a una actriz. Cuando a un actor «no lo ves trabajando», significa que no sientes que actúe. Para llegar a este estado de comunión no debes fingir, si finges jamás lo alcanzarás. El actor con sentido de la verdad no actúa, es.

Esa honestidad es una gran enseñanza para los no-actores. En la empresa, la sinceridad es muy rara, pues los directivos acostumbran a creer que cuanto más arriba estén en la escala jerárquica más deben «protegerse» y no ser ellos al comunicar. Sin embargo, sus empleados están deseando conectar con la persona que hay detrás del cargo. Asesoré al CEO de una gran corporación en la preparación de su discurso en la convención anual ante sus quinientos empleados. Él quería centrarse en resultados, cifras, objetivos… Le convencí de que antes de entrar en la vorágine de diapositivas cargadas de información contara algo personal, algo íntimo, sobre cómo se sentía, sobre qué pensaba de la empresa, o de ellos, los presentes. Decidió compartir cómo vivió su primer día de trabajo allí, explicó a quién se cruzó en el ascensor y por el pasillo y cuál supuso su primera impresión. Fue bonito y sencillo, despertó una gran ovación…, cosa que no pasó después con todas las cifras. El público aplaudió porque sintió que era sincero: cuando hay honestidad, el auditorio lo nota y lo valora. Y eso es así en cualquier situación; también el médico que debe dar un diagnóstico puede esconderse detrás de todos los tecnicismos, pero si de repente mira al paciente con cariño, si tiene un pequeño gesto de comprensión, eso lo cambia todo.

En una entrevista reciente, Antonio Banderas declaraba: «El teatro en estos momentos se ha convertido en un refugio para la verdad». Vivimos bombardeados por información digital fugaz y, a veces, engañosa. En una era en la que los vídeos se manipulan y la IA puede replicar nuestros discursos con una precisión inquietante, cuando presenciamos una obra en vivo, ocurre algo diferente: no hay filtros, no hay segundas tomas, no hay edición posible. Por eso la gente sigue yendo al teatro. Y por eso también la comunicación en vivo es tan importante aún hoy, porque nos recuerda el valor de la presencia, del aquí y el ahora. Estar frente a un actor, un conferenciante o mantener una conversación cara a cara cobra un nuevo significado. La comunicación vuelve a ser lo que siempre debió ser: un acto de conexión genuina. Sin trampa ni cartón, actuar no es fingir.

Acabo con una frase del escritor William Hazlitt:[11] «Los actores son los únicos hipócritas honestos». Bien podía haberla dicho Hamlet en defensa de los actores. En todo caso, resume a la perfección este concepto. En este libro hablaremos de la importancia de la honestidad en escena y de cómo buscarla cuando no estamos motivados, es decir, cómo actuar sin fingir cuando no nos identificamos con lo que tenemos que explicar. Lo veremos más adelante.

Comunicar es un acto de generosidad

El buen actor es ante todo generoso, y también valiente. Interpretar frente al público es un acto de generosidad, pues

---

11. William Hazlitt (1778-1830), ensayista y crítico literario inglés conocido por sus agudas observaciones sobre la naturaleza humana y el arte.

supone entregar algo valioso de uno mismo y hacerlo abiertamente, sin red.

El actor se da emocionalmente, debe hacerlo si desea convencer. En cada papel que interpreta hay algo de su persona, con lo cual está compartiendo con el público sus vivencias y vulnerabilidades. Esa acción es única y altruista, pues la realiza sin saber cuál será la respuesta, se lanza y espera la reacción. Nunca tiene la certeza absoluta, pero cuando conecta, aunque su auditorio lo formen un grupo de desconocidos, se establece un vínculo íntimo con ellos.

Y creo que esta es una imagen muy bonita que puede colocar en el lugar de partida adecuado a cualquier comunicador que desee seducir a un auditorio. Comunicar es un acto de generosidad. Para conectar debes ser espléndido; si escatimas esfuerzos, el público lo nota. Y ¿qué entregarás? Pues dependerá del día, del lugar, del momento, de tu audiencia, del mensaje... Cada mañana somos los mismos y a la vez diferentes, no podemos entregarnos de la misma forma. Si me levanto con el pie torcido o bien me duele la cabeza, no soy el mismo que si he dormido de fábula y me siento enérgico. En cada ocasión ofreceré una versión de mi persona acorde a las circunstancias. E intentaré ser generoso, desde mis condicionantes. Si lo soy, la audiencia lo sabrá.

El público percibe la generosidad de tres formas diferentes:

- A través del **esfuerzo**, de la preparación del actor. Por eso en la función del colegio de tus hijos, el niño tartamudo, que se traba con el poema y finalmente consigue decirlo, despierta una gran ovación, probablemente más que aquel alumno que lo declamó de corrido sin titubear. Porque los padres allí presentes entienden el trabajo y el empeño de unos y otros.

- Por la **entrega emocional** y **personal**. Cuando un actor comparte sus emociones, como decíamos antes, no finge, y eso permite al público sentir la historia. La verdad es muy valorada por tu audiencia. El presidente de una empresa que explica una historia sobre sus hijos ante sus empleados nos enternece.

- Por el deseo de **entretener**. Se necesita dedicar tiempo, energía y pasión para ofrecer una experiencia que pueda inspirar, hacer reír, llorar o reflexionar al público. Ese deseo sincero de que la función guste es algo que cualquier buen comunicador debería de tener presente.

Tuve la suerte de ayudar al jugador Marc Gasol a preparar su discurso de retirada del baloncesto —su deporte durante más de dos décadas—, que versaría sobre su excepcional carrera y repasaría sus triunfos (trece temporadas con la NBA, campeón con los Toronto Raptors, mejor defensa de la NBA en 2013, varias veces campeón del mundo con la selección española, campeón olímpico, dos veces campeón de Europa, etc.). Era lógico y necesario recordar tan brillante trayectoria, sin embargo, pensé que el público agradecería conocer algo del Marc más personal. Aunque es una persona muy reservada, le sugerí:

«Marc, si muestras un poco de tu personalidad, de tu proceso hasta encontrar tu sitio —por ser hermano de Pau Gasol, por tener tendencia a la obesidad de pequeño...— va a ser muy valioso para el público, quien lo va a agradecer».

Lo hizo y su discurso fue muy emotivo, con lágrimas y aplausos; la audiencia entendió su generosidad al compartirlo.

En una ocasión, asesoré a un fondo de inversiones del sector inmobiliario a organizar su convención para el equipo comercial. Me llamaron porque estaban cansados de hacer siempre lo mismo, es decir, reunirlos en un hotel, bombardearlos con diapositivas y discursos interminables durante cuatro horas, y después llevarlos a comer. Les planteé:

—¿Queréis ser generosos con ellos?

—Sí, claro —me contestaron al unísono.

—Pues vamos a entretenerlos, vamos a ofrecerles un espectáculo que nunca olviden. —Sus caras cambiaron, eso no les hacía tanta gracia...

—A ver, yo tengo una reputación —alegó el director financiero.

—¿Y si se ríen de nosotros? —dudaba el director del departamento legal.

—Os pido un cambio de mentalidad. Vosotros no sois lo crucial aquí, si queréis que ellos sientan que os importan, debéis entregarles algo que no se esperen. Id más allá de las diapositivas. Pensad en ellos y salid de vuestra zona de confort. Decís que se aburren, ¿no? ¡Pues vamos a trabajar para cambiar eso!

Tuve suerte de que ese cliente fuera abierto y generoso: dejaron a un lado su miedo al ridículo y se lanzaron a la piscina. Montamos un espectáculo en el que hubo varios números, cada presentación de un departamento fue una pequeña escena. Empezaron los abogados; se disfrazaron de surferos con camisas hawaianas y bailaron *Surfin' U.S.A.* Eran unos pasos ligeros, una coreografía muy sencilla que todos podían seguir, pero el impacto fue espectacular, todo el público se puso en pie ovacionándolos. Los siguieron el director comercial y los jefes de área; salieron al escenario con sendas capas rojas de Superman, el brazo en alto como si estuvieran volando y la banda sonora de la película de fondo. Al acabar las presentaciones me quedé en el cóctel posterior y los comentarios eran todos positivos: «Habéis estado fantásticos», «Cómo nos hemos reído», «Qué bien lo hacéis», «Qué grandes sois»... Nadie pensó que los directivos habían hecho el ridículo por cambiar su registro habitual, nadie sintió que estaban haciendo algo fuera de tono. Los empleados entendieron que si el director financiero se prestó a salir a escena con una pistola de juguete imitando al agente 007 fue por un profundo acto de generosidad hacia ellos. Se respiraba amor y simpatía, pues de eso se trataba.

Todos hemos experimentado esta sensación en alguna ocasión, al organizar una sorpresa para un ser querido que cumple años. Ante la pregunta «¿qué le montamos?», hay amigos que sueltan ideas locas: «Nos disfrazamos y le hacemos un baile», «Le cantamos una canción»..., ideas que no prosperan pues el cenizo de turno suelta el clásico «yo paso de hacer el ridículo». La próxima vez que el lector se encuentre en esa tesitura, le recomiendo pensar en quien lo recibe, en la ilusión que le hará, y apartar el foco de quien actúa.

La generosidad es la primera baza del buen comunicador. ¡Sé esplendido! No hay garantías de que la actuación será apreciada, entendida o aplaudida; aun así, ofrécete sin esperar nada a cambio. Comunicar, como actuar, es un regalo que quien habla brinda a quien escucha.

Todo por el público

Los espectáculos en vivo necesitan de público para existir. No tendría sentido actuar, cantar, bailar, ante un anfiteatro vacío.

Los artistas lo saben y por tanto, tienen el máximo respeto por el auditorio. Los asistentes han pagado su entrada, han hecho un esfuerzo personal y económico para estar ahí, eso merece ser valorado. Sin público, un espectáculo en vivo pierde su razón de ser, pues es en la relación entre el artista y los espectadores donde la obra se completa. Por ende, centrar tu atención en el patio de butacas parece lógico y sensato.

Esto es trasladable a cualquier acto de comunicación. Sin embargo, ¿cuántas veces hemos explicado algo a nuestros parientes en una comida familiar, o a los alumnos en el aula, o a nuestros colaboradores en el despacho, y nuestra atención estaba más centrada en nuestra historia que en ellos? Siendo sinceros, lo más frecuente al hablar es que pongamos el foco en nosotros, qué voy a contar y cómo, el auditorio es secundario. Nos olvidamos de que, si nadie escuchara, esa pequeña escena que creamos al narrar algo no tendría razón de ser. Deberíamos valorar el tiempo y la atención que nuestro público nos dedica, y que nuestro foco primero fuera para quien escucha.

Una amiga me explicó un suceso que la dejó perpleja en la reunión de antiguos alumnos de su instituto. Se trataba de un colegio público, al que asistieron estudiantes de diferentes perfiles socioeconómicos. El encuentro era en una de las aulas; fue emocionante reunirse todos veinticinco años después de haber abandonado aquellos pupitres. Mi amiga estuvo saltando de un corrillo a otro, saludando a todos. En uno de ellos, la antigua «estudiante modelo», que había obtenido una beca como deportista y se había graduado por una prestigiosa universidad estadounidense, explicaba sus recientes vacaciones… nada menos que en las Maldivas. Cuando mi amiga se acercó, justo narraba con todo lujo de detalles:

«Ha sido un fastidio no tener buen tiempo todos los días, la verdad, teníamos a doce amigos invitados en el barco, y al final, sin sol, es que no sabes qué hacer con ellos, no puedes estar todo el día bebiendo champán, ja, ja, ja».

Los que la rodeaban la miraban atónitos; supongo que no daban crédito a la historia, por el contexto y la diversidad de los oyentes. *Read the room!*, como dicen los estadounidenses. No hablas para ti, hablas para los demás, piensa antes si tu relato es acertado para ese auditorio.

Existe otra razón poderosa por la que todo comunicador —en especial, el novato— debería focalizarse en su auditorio. Con frecuencia, antes de hablar, nos asaltan miedos, inseguridades, dudas: ¿me acordaré de todo?, ¿me trabaré?, ¿tendré tics?, ¿me extenderé más de lo previsto? Esas preguntas que nos hacemos internamente en un bucle sin fin retroalimentan nuestra ansiedad. Una sencilla forma de quitarte presión es pensar: «Yo no soy lo más importante». Concentrarte en tu audiencia te permite descargar una parte del nerviosismo inherente al hecho de exponerte al hablar.

Asumamos, por tanto, que el público es primordial. Como ya viene siendo frecuente, la pasada gala de los Premios Goya fue soporífera, en parte por la excesiva duración de los discursos de agradecimiento. Al día siguiente, todos los periódicos se hacían eco de este problema crónico, ¡tres horas y cuarenta minutos! Me sorprendió la declaración de uno de los premiados que más se había extendido: «Llevo años soñando con este momento, cuando han dicho mi nombre no he podido contenerme, tenía que agradecer a tanta gente...». Entiendo perfectamente el sentimiento de dicha y plenitud del actor que toma en sus manos una estatuilla por primera vez. Y si la gala se emitiera a puerta cerrada no tendría inconveniente en que los premiados se alargaran dando las gracias a todo su árbol genealógico hasta el amanecer. Pero se da la «pequeña» circunstancia de que el evento se emite en directo en una televisión pública, por lo que lo principal de los Goya no son los nominados y premiados (lo siento), son los televidentes en sus casas. Es nuestro deber entretenerlos. Por tanto se impone acortar los discursos, y que el sopor no nos invada. Se me ocurren un montón de sugerencias que hacerle a la Academia del Cine español para acortar los discursos: desde prohibir los agradecimientos a parientes de segundo y tercer grado, limitarlo a parientes directos, hasta que, en las categorías con varios premiados, aunque todos suban al escenario solo hable uno. No es este el momento de resolver los problemas de la academia, quedémonos con la idea de que el público debe ser el centro de tu universo como comunicador.

Otro ángulo de esa veneración por el público, que los actores tienen claro, lo conforman **la interacción** y **la retroalimentación**. El público no es un observador pasivo, sino que influye en la función con su energía, sus reacciones, su risa, su silencio, su emoción. Seguramente hemos observado cómo cambia una asamblea escolar, la exposición del catedrático en la universidad o el sermón del cura en la iglesia ante públicos diferentes, si la gente carraspea, se mueve nerviosa en su asiento o, por el contrario, permanece inmóvil y absorta. Todo puede afectar al ritmo, la intensidad y la respuesta del que habla. Diría más, es el público quien da sentido a la historia. Una obra de teatro se construye con la mirada del espectador. Cada progenitor en la asamblea del colegio, cada alumno en el aula o cada feligrés en la misa interpreta la historia de manera única y le da su propio significado.

Un arquitecto acudió al ayuntamiento de un pueblo a presentar un proyecto de construcción de un centro comercial y unas viviendas de protección oficial. Hizo una exposición meticulosa con todos los datos ante el concejal de urbanismo y sus dos ayudantes, y recibió una buena acogida; el concejal hizo muchas preguntas, parecía entusiasmado. Así que el arquitecto se sintió muy cómodo y explicó con gran seguridad y con toda suerte de detalles su proyecto, por qué iba a mejorar la vida del pueblo y cómo respetaría el entorno y la sostenibilidad del paisaje. El concejal estaba eufórico —asentía y aplaudía, y sus ayudantes le imitaban—, así que le pidió que volviera al día siguiente para explicarlo de nuevo ante el alcalde.

«Por supuesto, mañana os lo vuelvo a presentar».

Al día siguiente todo fue distinto. La presentación y el presentador eran los mismos, la sala de juntas del ayuntamiento, el concejal y los ayudantes también. Pero el alcalde entró con el ceño fruncido, miró los planos, ladeó la cabeza, «no lo veo, tengo dudas», así que el concejal cambió radicalmente su actitud, se quedó callado, ni rastro del apasionamiento del día anterior, y esto afectó a nuestro actor. Empezó a balbucear, se le secó la boca, no le salían las palabras, no supo argumentar las dudas que el alcalde le planteó. El proyecto no prosperó. La reacción del público lo cambió todo.

No hay que subestimar el poder del aplauso. El público con su forma de aplaudir le habla al actor. Sus palmadas pueden enaltecer o desaprobar, no solo se utilizan para ovacionar, se puede hacer por pena, nostalgia, compromiso... y cada aplauso sonará diferente. Cuando vemos un espectáculo que no nos ha gustado, también aplaudimos, de forma comedida, con menos fuerza e intención que un fan entusiasta frente a su cantante favorito. Cuando ovacionamos a Rafa Nadal en el Trofeo Conde de Godó en Barcelona en 2024, no aplaudíamos por ese partido concreto, era más bien una loa a toda su carrera, a todos los logros y las satisfacciones que había dado a los amantes del tenis. El ritmo del aplauso, el volumen, la duración, el hecho de que el estadio entero se pusiera en pie, y que todos los rostros lo miraran, le dio una carga emocional y un contenido específico que todos los allí presentes entendimos, sin mediar explicación.

Por tanto, el comportamiento del auditorio tiene un impacto directo y muy significativo en el resultado de un acto comunicativo. El público no es un elemento secundario de la comunicación, sino su corazón mismo. Sin público, la obra se convierte en un simple ensayo. El teatro es, por naturaleza, un arte de encuentro, de comunión entre actores y espectadores. Decir «todo por el público» es reconocer que, sin este, el teatro simplemente no existiría. De la misma forma, cuando explico una anécdota a mis amigos en una cena, debo poner el foco en ellos, en que me entiendan y conecten con lo que les cuento. Pues de lo contrario, ¿de qué sirve mi actuación?

EL APUNTADOR

- Todo acto de comunicación se asemeja a una obra de teatro, con actores, público, texto y escenario.
- Hablar es actuar, y nuestras emociones juegan un papel crucial en la comunicación.
- Actuar no es fingir, los buenos actores transmiten autenticidad, lo cual es necesario tanto en el teatro como en cualquier forma de comunicación.
- Comunicar es un acto de generosidad. El esfuerzo, la entrega emocional y el deseo de entretener nos permiten conectar genuinamente con el público.
- No hay teatro sin espectadores. Centrar la atención en el público da sentido a cualquier acto de comunicación.

ACTO II

ANTES DE SALIR. ¿CÓMO PREPARAR TU ACTUACIÓN?

¿DE QUÉ VOY A HABLAR? EL CONTENIDO

En el principio fue el verbo. Lo primero es decidir de qué quieres hablar. Ya sea una gestión administrativa ante el funcionario de turno, una charla en tu comunidad para convencer a los vecinos de instalar placas solares en la azotea, una entrevista para el trabajo de tu vida o una presentación ante el equipo de ventas para explicar la nueva gama de productos que deben comercializar, debes empezar por el contenido. ¿Qué voy a explicar? Lo ideal es partir de un guion con los puntos clave de tu discurso. Aconsejo tomar papel y bolígrafo y anotar aquellos mensajes fundamentales que no puedes olvidar en ningún caso, la razón por la que deseas hablar. Eso constituye el esqueleto de tu mensaje, que poco a poco irás rellenando.

Con el guion o esqueleto armado, empieza la segunda fase, ¿cómo voy a explicarlo? La respuesta a esta cuestión se apoya en dos patas:

- ¿A través de qué historias?
- ¿Con qué palabras?

¿A través de qué historias?

Da igual a qué te dediques, todos **somos contadores de historias**. Tanto si entrenas a un equipo de tenis como si eres enfermera en un hospital, te pasas el día comunicando. Y por muy técnica que sea tu presentación, por muchas cifras que manejes y grandes análisis que hayas preparado, si deseas que el público te escuche y conecte con lo que estás contando, necesitas narrar una historia.

Escuchar buenos relatos es una manera de encontrar nuevas ideas, aprender de los demás y abrirse al mundo. Nuestro cerebro, por nuestra evolución, por la forma en que procesamos y almacenamos la información, recuerda más fácilmente un cuento que un número. Y eso es así por dos razones:

1. La primera tiene que ver con nuestros orígenes. Durante gran parte de la historia de la humanidad, la información que importaba era aquella que ayudaba a la supervivencia, como advertencias sobre posibles peligros o dónde encontrar alimentos. Estas lecciones se transmitían oralmente en forma de historias para conseguir que fueran recordadas, para convertirlas en memorables.

2. Y la segunda, por nuestra condición. Los humanos somos seres sociales. Las historias nos permiten empatizar, conectar emocionalmente y comprender situaciones complejas. Las narraciones suelen evocar emociones (alegría, miedo, sorpresa, tristeza), y la memoria está estrechamente vinculada a ellas. Las cifras, por el contrario, suelen ser

neutras y no activan la misma respuesta emocional. Además, hay un tema químico: una buena historia puede liberar dopamina y oxitocina en el cerebro, sustancias que refuerzan la atención y el recuerdo.

Así que, desengañémonos, nadie va a recordar las cifras, pero sí las historias detrás de esas cifras. Esto a veces cuesta de aceptar. Mi cliente típico es el ingeniero o el economista financiero. Un profesional con una gran capacidad de análisis numérico y que ha preparado una presentación con una ingente cantidad de cifras, y, claro, las quiere exponer todas. Me cuesta convencerlo de que nadie va a escuchar y mucho menos retener una ristra de números. Se impone el seleccionar, de todos esos números, cuáles son los más relevantes. Y solo esos debemos explicar, el resto los dejaremos fuera de la presentación. Escoger es difícil, las diapositivas son como tus hijos, las has trabajado y es lógico ese deseo de compartir todo lo elaborado. Pero los números por sí solos son fríos, no transmiten nada. Una vez hecha la selección viene la parte crucial, buscar las historias detrás de esos números que hagan vibrar al auditorio.

En una ocasión, un director financiero de una compañía farmacéutica presentaba los resultados anuales ante el comité en la sede global de la empresa en Ginebra. Ese año había una importante reducción de costes que comunicar. Leyendo sus diapositivas vi en la partida «Viajes y dietas, un -20 %».

—Eso es mucho, ¿no? ¿Puedo preguntar qué habéis hecho para conseguir esa bajada de costes? —le interrogué.

—Tenemos una red de visitadores médicos muy vasta, se mueven por todo el territorio constantemente. Decidimos que, cuando viajaran de dos en dos, cosa que hacen con frecuencia por el tipo de medicamento que promocionan, compartirían habitación. La medida ha sido muy impopular, pero los resultados están ahí.

—¡Pues ya tenemos historia! —le solté—. Podemos contarla con una pizca de humor, o bien intentando empatizar con los implicados, pero es evidente que debemos explicar de dónde viene esa reducción de costes, todos recordarán la anécdota y la cifra.

Para cada cifra que expongas y desees que recuerden, busca una historia, busca la anécdota, el chiste, el cuento que permita establecer el vínculo y activar el interés y la memoria. Recuerdo una presentación de las operaciones binarias en el colegio; yo era pequeña, hacía 5º de EGB. Nuestra profesora de matemáticas tenía fama de exigente. Debíamos presentar en grupo, salir a la pizarra y «soltar el rollo», como habitualmente le llamábamos a exponer. Pero se nos ocurrió hacerlo diferente: montamos un gag para explicar que «el orden de los factores no altera el producto», simulamos que éramos ladrones que querían cambiar la situación de los cuadros en un museo. ¡Fue divertido! Y a la profesora le encantó. No hay que tener miedo a probar cosas nuevas, y una buena historia puede calar en el corazón hasta de la más severa profesora.

¿Qué ingredientes necesita una buena historia? Hay dos que no pueden faltar:

1. Ser **personal**. Cuenta algo que solo tú puedas contar. Si eres sustituible y cualquiera lo puede explicar por ti, entonces no es tu historia. Siempre que ayudo a un director financiero o a uno de operaciones, o a un jefe de contabilidad, el problema es el mismo:

—No sé cómo amenizar la exposición de la cuenta de resultados.

Los entiendo, los números pueden resultar muy fríos de entrada. Lo primero que les pregunto es:

—¿Tú qué opinas de esta cifra?

Porque cuando dan su opinión ya no es un número objetivo: al expresar lo que a ellos les parece lo convierten en algo personal, y eso ya es un buen principio para que la presentación cobre vida.

2. **Entretener.** No es necesario contar un chiste, no hace falta ser gracioso. Los buenos cómicos son profesionales de grandísimo talento que dominan el tempo, algo fundamental en el humor. Hacer reír es muy difícil y a veces puedes obtener el efecto contrario, que nadie se ría; eso genera una gran inseguridad. En cambio, busca el elemento atractivo o interesante en tu historia. El objetivo no es conseguir la carcajada, simplemente que no se aburran, y eso es más fácil de lograr. Piensa en algo que te interese a ti, pues si a ti te interesa, es muy probable que a ellos también.

Las historias personales tienen más posibilidades de tocar el corazón del oyente y conducirlo a la acción. Soy una ecologista convencida, y cuando nos mudamos a un nuevo edificio en Madrid, enseguida me percaté de que la mayoría de los vecinos no reciclaban correctamente, o no lo hacían del todo. Pensé en ir uno por uno a pegarles la perorata... pero me di cuenta de que si no tenía de mi lado al portero, César, que era quien recogía la basura y la depositaba en cada contenedor, mi esfuerzo de argumentación no serviría de nada. Así que lo invité a tomar algo en casa, y sentados en el salón le expliqué, de forma sencilla y sincera, mis argumentos. Empecé contándole por qué soy ecologista, dónde empezó todo: cuando mis niños eran pequeños, su profesora les explicó cómo reciclar correctamente y ese día al regresar del colegio me echaron la bronca porque nosotros en casa hasta ese momento no lo hacíamos. César rio con la anécdota, entendió que hubo un momento previo en el que yo era como él, pasaba de reciclar. Cuando hubimos conectado en lo personal, le expuse lo importante que es hacer una buena labor de reciclaje, cómo nuestros actos influyen y tienen consecuencias, qué porcentaje del vidrio, el papel, el plástico y el orgánico se recicla... Vi en su rostro que lo entendía y lo asimilaba. A partir de ese momento tuve en César a un aliado que recicló correctamente y me ayudó a «convertir» a otros vecinos. No conseguimos que todos se adhirieran a nuestra causa, pero al menos nos aseguramos de que lo que se reciclaba se hacía correctamente. Y todo empezó por una historia personal. Si hubiera comenzado por las cifras de los porcentajes de reciclaje, probablemente no hubiera conseguido conectar con él.

¿Con qué palabras?

Improvisar está muy bien para explicar una anécdota a tus amigos en un bar. Sin embargo, si tienes unos objetivos que cumplir, como madre de familia, como presidente de la comunidad, como delegado de curso, como médico, como director de empresa, como entrenador deportivo, como vendedor en una tienda o como teleoperador, deberás establecer una estrategia, pensar en un mensaje acorde a ella y escoger adecuadamente el vocabulario. Las palabras cuentan. Veamos unos ejemplos:

- Un vecino en una reunión de su comunidad quiere expresar su oposición a la propuesta de otro. No es lo mismo decir: «No estoy de acuerdo contigo, esto no tiene sentido» que «Veo tu punto de vista, aunque lo percibo de otra manera. ¿Te cuento cómo lo veo?».
- Un entrenador tras una derrota del equipo puede comentar: «¡Qué desastre! Esperaba más de vosotros». Aunque seguramente será mejor aceptado si expresa: «Valoro vuestro esfuerzo pero hay que seguir trabajando, juntos podemos llevar este equipo al siguiente nivel».
- Una directora comparte secretaria con otros directivos de su mismo departamento. En un momento de estrés, necesita que esta priorice su encargo frente al de otros. No es lo mismo chillar con visible agitación: «¡Necesito esto ya, no me importa cómo lo hagas!» que susurrar con voz calmada: «Sé que estás muy ocupada, pero esto es urgente para mí. ¿Crees que podamos priorizarlo juntas? Te estaría muy agradecida».

¡Qué importantes son las palabras! Un buen ejemplo es la nueva unidad de oncología pediátrica del Hospital Vall d'Hebron de Barcelona, un espacio amigable y acogedor diseñado para los niños. Hablé con Laura y Nacho, un matrimonio que después de que su hijo pasara por un cáncer impulsó el proyecto a través de la Fundación Small.[12] Además de unas

---

12. Junto con la Fundación Albert Bosch y la Fundación Aladina.

instalaciones lúdicas y atractivas —de las que hablaré como ejemplo de espacios en el capítulo sobre escenografía—, idearon todo un vocabulario pensando en los niños. Empezando por el nombre del proyecto, «Realidad mejorada», que simbolizaron con unas divertidas gafas de cartón de diferentes colores que venden por tres euros para recaudar fondos. Como explica Nacho, «la realidad es la que es, pero podemos cambiar la percepción». Pasando por los carteles de los diferentes espacios del hospital, la zona de anestesia para las punciones es la «sala de sueños», el hospital de día donde reciben la quimioterapia es el «parque de atenciones» (por parque de atracciones). Palabras que te trasladan a otros universos, lejos de la realidad del hospital, palabras que hacen volar, palabras que curan.

El proyecto de la Fundación Small condensa a la perfección los dos aspectos fundamentales del valorizar las palabras:

1. **La importancia del lenguaje positivo.** Leí un artículo de Luis Castellanos, filósofo que ha estudiado las bondades de la positividad en el habla desde la neurociencia, en el que afirmaba que «el lenguaje negativo puede reducir el coeficiente intelectual. Si nos despojamos de las palabras hirientes, autoritarias y poco respetuosas y adoptamos otros términos y expresiones que transmitan cordialidad y entendimiento podría tener un poder transformador en nuestras vidas».[13] Parece lógica esta afirmación: si tus palabras ofenden, no vas a conseguir que tu mensaje llegue. El mínimo vocablo puede herir nuestra

---

13. *ABC*, 18 de junio de 2024.

sensibilidad. En la clínica ginecológica donde me hago la revisión anual regalaban «un chequeo a tu piel» con una nueva esteticista que empezaba a trabajar con ellos. Pedí hora. Me recibió con esta declaración:

—Empezaré por una limpieza de cutis con los productos de nuestra marca XX y después le aplicaré nuestras cremas a base de...

—Disculpe —la corté—, no sabía que se trataba de aplicar productos, pensaba que me haría un diagnóstico del estado de mi piel.

—No, obviamente, yo trabajo con esta marca.

2. Ese «obviamente» era su manera de decirme «usted no ha entendido la oferta». Al parecer, junto al cartelito que anunciaba el supuesto regalo había un folleto explicativo... que yo no agarré. Lo que para la esteticista era lógico para mí no lo era en absoluto. Su «obviamente» no me sentó bien. Hubiera sido mejor mostrar empatía conmigo: «Discúlpeme, debe haber un malentendido... Tal vez el folleto no está del todo claro...». Cualquier frase que me hiciera sentir su comprensión.

3. **La precisión en el lenguaje.** ¿Has oído hablar del efecto Flynn? Es un fenómeno presente en buena parte del siglo xx. Hasta la década de 1990, los resultados a pruebas de coeficiente de inteligencia (IQ, por sus siglas en inglés) en la población mundial registraron un crecimiento exponencial. Sin embargo, estudios recientes realizados en el Reino Unido, Dinamarca, Francia, Finlandia y los Países Bajos afirman que en las últimas cuatro décadas la puntuación de IQ en las poblaciones analizadas ha disminuido en

comparación con generaciones anteriores.[14] Los investigadores apuntan a factores ambientales y no genéticos para estas alteraciones, tales como los cambios en el sistema educativo, el hecho de que leemos menos y, por supuesto, que pasamos mucho tiempo frente a las pantallas. Todos estos encuentros tienen una consecuencia común: el empobrecimiento del lenguaje. Cualquier lector puede dar ejemplos de la disminución del léxico en su entorno. Basta con echar mano de los wasaps, los correos electrónicos, los artículos que leemos en la prensa digital. Yo lo compruebo cada semana con los pequeños exámenes que hago a mis alumnos al entrar en clase. Desde que llegó la IA a nuestras vidas, ya no les doy trabajo para hacer en casa, sino lecturas, muchas lecturas, y al llegar a clase planteo un breve test para valorar su comprensión y asimilación de conceptos, seguido de un debate en torno al tema en cuestión. Me sorprende su redactado, el vocabulario utilizado se ha reducido y el abanico de adjetivos es muy limitado. Pienso que lo tienen complicado para elaborar pensamientos complejos con recursos lingüísticos tan exiguos. Si todo es «guay» en vez de poder ser bonito, bello, hermoso, lindo, precioso, agraciado, mono, guapo, coqueto, sabroso, exquisito, apolíneo, elegante, escultural, fino, atractivo, majestuoso, delicado, placentero, delicioso, etc., ¡cuántos caminos quedan sin explorar!

Insisto mucho a mis alumnos cuando preparan una presentación para que busquen las palabras adecuadas, indaguen

---

14. *Proceedings of the National Academy of Sciences* (2018), revista de la Academia de Ciencias de Estados Unidos.

y escojan ese término y no otro, para que no se conformen hasta que den con la expresión acertada. Y que no se dejen llevar por el uso exagerado de la hipérbole. Es algo frecuente entre los políticos, los tertulianos de debates televisivos y también en redes sociales: a falta de sinónimos, se tiende a magnificar, todo es «impresionante» o «increíble», cuando en realidad, si analizáramos de cerca el hecho, se nos antojaría perfectamente creíble o cercano a la verosimilitud. Sé que es difícil mantenerse críticos: cuando tenemos políticos que utilizan palabras como «criminalizar», «libertad», «fascismo» o «verdugo» con tanta ligereza, podemos acostumbrarnos y olvidar su auténtico valor. Especialmente, es aconsejable **evitar los términos absolutos**. Por ejemplo, cuando des una valoración a un colaborador o tengas una charla con tus hijos por el desorden de su habitación, en vez de decirles «Tu cuarto está siempre hecho un desastre» o «Nunca te veo ordenar» prueba con «Hoy tu cuarto no está como debería» o «¿Cuánto hace que no ordenas?». Los vocablos absolutos: «siempre», «nunca», «totalmente», «completamente», «nada», etc., pueden ser especialmente hirientes. ¿Alguna vez has soltado un «Nunca haces nada bien»? Dos vocablos absolutos («nunca» y «nada») en una frase tan corta son difíciles de digerir, así que estemos atentos a dar el peso justo a cada palabra.

Por otra parte, existe el riesgo de que la precisión de tu lenguaje te convierta en un pedante... y en un incomprendido. Es especialmente grave la ininteligibilidad en las profesiones técnicas, o las jergas culturales en determinadas organizaciones, pues quien no pertenece al gremio se siente excluido por el vocabulario. Y recordemos, debemos hacer todo por el público. Si el que escucha no te entiende,

¿de qué sirve? Admiro mucho a los médicos, pero he tenido algunas experiencias de incomprensión con ellos. Cuando nació nuestra primera hija, vivimos una escena de esas tragicómicas que en nuestra familia ya han quedado para la historia. Estando en la sala de partos, en plena faena, yo con las piernas abiertas, sin ver nada —era cesárea—, mi marido tomándome de la mano, el ginecólogo se gira, nos mira y con tono grave suelta:

—La niña está deflexionada.

Casi rompí a llorar, mi marido me miró con pavor, el médico no entendía nuestros rostros, nos miraba alucinado, yo solo alcancé a decirle:

—¿Es grave?

—No, simplemente debemos sacarla con cuidado.

Anunciar así, «La niña está deflexionada», con una pausa solemne en aquel momento de máxima expectación a unos padres primerizos, asumiendo que nosotros entenderíamos el significado de la palabrita en cuestión, tal vez no fue la mejor decisión. Después nos reímos, pero en el momento nos dio un susto tremendo, que podía habernos ahorrado si hubiera dicho: «La niña tiene la cabecita hacia atrás, no pasa nada dado que es cesárea, voy a sacarla con cuidado».

A buena parte de la población, la medicina y su terminología se le antoja un entorno complejo e inalcanzable. No es la única profesión que produce esta sensación de exclusión en los que no son del gremio. Todos nos hemos sentido alguna vez ignorantes ante las explicaciones del vendedor de lavadoras, del fontanero que repara el grifo de casa o del arquitecto que dirige la reforma de nuestro piso. En un momento dado, estos técnicos son como un *cowboy* pistola en mano: tienen el poder. Si empiezan a hablar de válvulas, latiguillos, caños, disyuntores, jácenas, cotas, catalizadores, volúmenes, elevaciones… su vocabulario llega a marginarnos.

Piensa siempre en quien recibe tus palabras, escógelas con mimo para asegurarte de que van a ser comprendidas.

CÓMO ENSAYAR

Cuando tienes fijado tu texto, empieza la fase más divertida: darle vida a través de tu expresividad. Eso se hace en los ensayos. En teatro el proceso de ensayo es largo y a veces tortuoso. Cada actor tiene su ritmo, algunos el primer día ya han entregado el 90 % del personaje, otros necesitan semanas antes de encontrar el tono y la forma de encarnarlo. Es lo mismo con los no-actores; cada persona tiene su proceso, pero todos deben pasar por un momento de introspección, de encontrarse con las palabras y entender cómo decirlas. Y después está la interiorización del mensaje y su significado. No es lo mismo interpretar un texto de Chéjov que uno de Lorca, hay una musicalidad en las palabras totalmente diferente, una intención del autor que nos remite a mundos muy particulares. No daré de igual forma un discurso en la boda de mi mejor amigo que ante mis compañeros del despacho. Debe haber un trabajo de asimilación y conexión con el texto. Veamos cómo.

¿Es mejor ensayar o improvisar?

Hay personas que prefieren, *a priori*, no prepararse sus presentaciones. Alegan: «Yo soy más de improvisar, repaso mi discurso por encima, después llego allí y me enrollo…». Imagino que habrá lectores que sean de este parecer. Yo no lo comparto, no creo en la tan cacareada improvisación hispánica. Voy a intentar argumentarlo.

Es cierto que no todos los oradores tienen las mismas capacidades. Hay gente con mucha labia, como se dice coloquialmente, personas que tienen una gran habilidad para, de la nada, hablar de un tema. En todos estos años como formadora me he topado con oradores así, capaces de enrollarse a partir de una mínima anécdota. Pero con frecuencia he observado errores en este tipo de situaciones:

- Si no saben del tema que están tratando y hablan por hablar, el público lo acaba notando. No es muy sensato subestimar a tu audiencia.
- Si saben de lo que hablan, pero no se lo han preparado les puede ocurrir que...
  a. Olvidan un mensaje importante.
  b. Se enrollan más de la cuenta, se van por las ramas y no saben cómo cortar.
  c. Ante un imprevisto, pierden el hilo de su discurso y tienen dificultad para recuperarlo.

Son errores de peso, pues muchas veces la ocasión es única, no habrá otra igual, y es una pena echarla a perder por falta de preparación. En su autobiografía, Michelle Obama confiesa que ella y su marido se preparan tan bien sus discursos que no necesitan el teleprónter: «Puedo colocar las comas mientras duermo», bromea ella.[15] Ambos son excelentes profesionales de la oratoria, y no dejan nada al azar, pues saben que cada ocasión

---

15. Michelle Obama, *Mi historia*, Plaza & Janes, Barcelona, 2018.

de comunicación es única, cada debate, conferencia o mitin en campaña electoral puede ser determinante en la decisión de voto.

Steve Jobs ha sido quizá el orador del mundo de los negocios más asombroso de su época. Bill Gates dijo de él que era «un mago que lanza hechizos» a su público. Estudiando al personaje, me queda clara una cosa, había mucha práctica detrás de cada una de sus presentaciones, por eso eran tan mágicas.[16] «La mayoría de la gente no se da cuenta de que lo que parecía espontáneo se ensayaba una y otra vez. Steve pensó cada palabra, cada paso, cada demostración», declaró John Sculley, que fue director ejecutivo de Apple durante diez años. **Si te importa, prepáratelo.**

Y no pienses que por planificarlo serás menos natural. Los alumnos reticentes al ensayo siempre alegan: «Si me preparo no soy yo». ¡Es lo contrario! Cuanto más te prepares, más relajado estarás, con lo cual, más cercano a tu «versión natural», sin estrés ni alteraciones.

Durante cuatro cursos fui coprofesora de Marketing Internacional con Josep, un profesor que llevaba muchos años como titular de esa materia. Yo lo ayudaba y daba algunas sesiones sola, impartíamos clase en tres programas diferentes. Josep empezaba sus sesiones invariablemente con un chiste sobre la pronunciación de su nombre en inglés. Las palabras eran siempre las mismas, mismo tono, misma pausa, mismo gesto, e invariablemente los alumnos se reían. Se lo veía tan natural que si no fuera porque le escuché docenas de veces el mismo arranque, hubiera dicho que lo estaba improvisando en ese momento. Y a juzgar por los rostros divertidos de los

---

16. Walter Isaacson, *Steve Jobs. La biografía*, Debate, Barcelona, 2011.

alumnos, eso debían pensar ellos. Hasta la naturalidad se puede ensayar.

Los imprevistos

El ensayo es la mejor arma ante cualquier posible eventualidad. Pues, por mucho que te prepares, no podrás controlar todos los imprevistos. Los momentos impredecibles ocurren. En teatro es continuo, cada noche pasa algo que no te esperas, con lo que no contabas. A veces son pequeñas cosas, como un paraguas que no se abre, un actor que varía su réplica, un vaso de agua que no está en su sitio. Los actores se preparan para esas eventualidades, ¿cómo? Ensayando mucho. Cuanto mejor conozcan el texto y sus movimientos en escena, más recursos tendrán para adaptarse a esos cambios inesperados. El ensayo los prepara para lo desconocido.

Ensayar no es pasar texto. El primer día del ensayo, los actores llegan al teatro con su texto memorizado, es una tarea individual que cada uno hará por su cuenta. El ensayo es un trabajo de equipo en el que los intérpretes construyen la escenificación del texto, esto es, cómo moverse, cómo gesticular, qué intención dar a las palabras, cómo interactuar con el resto de los actores y con el escenario. Cuando dominan todos esos elementos, están preparados para introducir pequeñas modificaciones. Si dudaran de sus réplicas, si se preguntaran ¿qué va ahora?, estarían atrapados por el texto y no podrían plantearse más.

Al hablar en público, a muchos directivos les preocupa el texto. No quieren olvidarlo, van a la charla con sus notas o llenan las diapositivas de información para leerlas si se pierden. Se centran mucho en el contenido de su ponencia, pero no lo ensayan lo suficiente como para poderlo «olvidar». Si llegas a un punto, como Michelle Obama, en que puedes colocar las comas en tu sueño, el discurso está totalmente interiorizado y no necesitas ni anotaciones, ni diapositivas, ni apuntador. Cuando eso ocurre, ante cualquier imprevisto, podrás improvisar. Shakeaspeare dijo: «Las improvisaciones son mejores cuando uno se las prepara». Hace falta mucho trabajo previo para permitirse el lujo de improvisar. Me parece un inconsciente el que dice: «Yo me lo leo un poco y después me enrollo».

Los imprevistos pueden ser leves: un camarero entra repartiendo cafés y bollos y distrae al público, que durante unos minutos deja de escucharte y se centra en el desayuno; o descubres a alguien en el auditorio que no esperabas y te incomoda, o te hace replantear el contenido de lo que estás contando. También pueden ser más graves, como, por ejemplo, que el proyector deje de funcionar y debas continuar tu exposición sin diapositivas. En las obras de teatro que he producido he presenciado de todo. En una ocasión trabajé con un actor que era alcohólico. Mantenía a raya su adicción cuando actuaba, ayudado por la regidora, que lo vigilaba en los entreactos para que no bebiera. Pero esa noche ella se despistó y el actor salió a escena ebrio. En un momento dado tenía que bajar una escalera y se cayó, dio un par de vueltas y acabó de bruces en el pasillo de platea. Pensé: «Esto es el fin, el público lo va a notar». Nada más lejos de lo que sucedió. El actor se levantó, con cierta dificultad —mientras sus tres compañeros en escena lo miraban atónitos sin saber cómo continuar—, y retomó su texto por donde lo había dejado, añadiendo solo un «¡Vaya trompazo me he pegado!», con el regocijo del público, que le rio la gracia encantado. Nadie se enteró. *The show must go on.*

Entre bambalinas puede suceder de todo, lo importante es que el público no se entere. Yo he visto actores salir a escena enfermos, con fiebre, con huesos rotos, con el dolor sobrehumano de la muerte reciente de un hijo... y el público no se ha percatado. ¿Por qué? Porque solo ven tu función una vez, no pueden comparar, y aceptan lo que tú les entregas. ¿Cuál es la enseñanza aquí? Nunca compartas con el auditorio tus penurias o problemas, ofréceles lo que tienes, no confieses tus carencias. Si el proyector no funciona, no vale excusarse: «Oh, yo tenía una presentación muy bonita, con mucha información, pero, claro, sin proyector, haré lo que pueda...». No me cuentes lo que no vas a poder hacer por mí. Prepárate mucho, también para los imprevistos, y una vez en escena, sal y defiende lo que tienes.

Así que una vez que conoces tu texto, tu contenido, debes ensayar para dar vida a las palabras, actuarlas para hacerlas tuyas, interiorizarlas y sentirlas. ¿Cómo? El ensayo tiene varias fases: una mental, que se centra en el contenido de tu presentación o charla; otra emocional, en la que conectas desde el sentimiento con lo que quieres contar; y una última, la física, en la que entran en acción tu rostro, tu cuerpo y el movimiento por el espacio para expresar ese mensaje. Veámoslo en detalle.

Ensayar el texto

Empieza por tu discurso, ya sea un párrafo escrito en un papel o cincuenta diapositivas. Te ayudará seguir los siguientes pasos:

1. Repasa tu discurso leyéndolo simplemente, para comprobar que te lo sabes, como paso previo al ensayo.
2. Repite el texto en voz alta. Es necesario por dos razones:
   a. Para ensayar tienes que oírte. Escuchar tu voz te ayuda a entender si te sientes cómodo con esas palabras, o si prefieres cambiar alguna.
   b. Hazlo con un reloj para cronometrarte y asegurarte de que tu duración es la necesaria. Si ensayas en voz alta siempre te extenderás más que si lees por dentro tu discurso. Es importante que sepas la duración real de lo que expones.
3. Apunta las partes que más te han gustado de lo expuesto, esas frases redondas que expresan exactamente lo que quieres decir, y que no debes olvidar. Puedes escribirlas en «Notas» de tus diapositivas.
4. Decide cómo empezarás y acabarás tu discurso. Anota esa anécdota, frase, comentario, pregunta inicial que captará la atención de tu auditorio. Y lo mismo para el final, qué es lo último que deseas que escuchen de ti y se lleven a sus casas.
5. Repite el proceso varias veces hasta que sientas que tu discurso está bien fijado en tu memoria.

Al preparar el texto, una pregunta frecuente es: «¿Debo **memorizarlo todo?**». La respuesta es no, no es necesario aprendértelo todo palabra a palabra, pero sí algunas partes. ¿Qué deberías memorizar siempre?

- Las frases fundamentales, en especial el principio y el fin de tu exposición, en las que no puedes permitirte errar.

- Los bloques difíciles o que te impongan especialmente por alguna razón; esos trozos que, si dejas al azar, quizá no digas exactamente lo que debas decir.
- Los discursos en otro idioma, si no te sientes del todo cómodo con esa lengua.

Salvedad merecen **los discursos cortos,** de máximo cinco minutos. Cuando te dan muy poco tiempo no puedes perderlo, debes de ser conciso, no divagar ni entretenerte en lo que no toca, ni olvidar algo esencial. En esos casos aconsejo memorizar todo el texto, palabra a palabra. El caso típico sería el agradecimiento por un premio o el parlamento en la boda de un amigo. Es poco alentador escuchar al familiar que empieza con:

- «Bueno, a ver, no me he preparado nada…». (Vamos mal).
- «Voy a ser muy breve». (No lo digas, limítate a serlo).
- «Lo que te voy a decir ya te lo habrán dicho antes». (Pues no lo repitas, dinos algo que no sepamos).
- «Este es un día muy especial», o bien «Os deseo lo mejor». (Tópicos vacíos).

El problema es que estos discursos cortos suelen corresponder a ocasiones únicas, en las que no habrá una segunda oportunidad. Si no causas una buena impresión, esta quedará en la memoria de los presentes durante mucho tiempo. Vale la pena pensar antes qué quieres decir, escoger ideas potentes, originales, graciosas… y, sobre todo, personales, que solo tú puedas contar, y estructurarlas en un discurso bien armado, con un principio que enganche y un final que deje huella. Y memorizarlo para después ser natural. Esa es la idea.

Veamos un ejemplo concreto. Un director de EY, Juan, deseaba que lo hicieran socio de esa consultoría y se postuló como candidato. Así que recurrió a mí para que lo ayudara en el proceso de preparación del panel de entrevistas frente a los ya socios, quienes debían decidir si aportaba valor suficiente a la compañía para ser promocionado. El salto de director a socio es un paso difícil, no todos los candidatos lo logran. Juan se preparó la explicación técnica de los nuevos clientes que había traído a la firma, las cuentas que había expandido, su sólida red de contactos, las iniciativas estratégicas que había impulsado... Pero todo esto no era suficiente. Ensayamos meticulosamente las entrevistas, cada posible pregunta y cada respuesta, teniendo en cuenta al interlocutor, trabajando las pausas y los tempos, buscando en todo momento conectar. Empecé por las preguntas más clásicas: ¿Cómo lideras a tu equipo? ¿Qué destacarías de tu labor como director de personas? ¿Por qué tú frente a otros potenciales candidatos? ¿Te sientes preparado? ¿Algo de lo que te sientas orgulloso? ¿Algo de lo que te avergüences? ¿Algo de tu trabajo en EY que no repetirías? Era la batería de preguntas que seguro que le iban a hacer. Y, sobre todo, preparamos la respuesta ante cuestiones incómodas, del estilo: ¿No sería mejor, dado el contexto, promocionar a una mujer? ¿Qué opinas de la situación de la mujer en EY y qué crees se debería hacer al respecto? En ese ensayo incidí en preparar **la reacción ante la incomodidad**. Le aconsejé: «Pueden plantearte preguntas que te disgusten o fastidien. Tengas o no preparada la respuesta, acepta la pregunta desde la modestia, sonríe interiormente y piensa "están en su derecho, solo hacen su trabajo", porque eso te coloca mentalmente en el lugar adecuado para contestar».

Si se puede, es interesante ensayar ante un público amigo, para testarte a ti mismo y aprender de sus reacciones. Cuando decidí lanzarme a dar clases de teatro en Esade, armé la estructura de mis sesiones, preparé mis diapositivas, los ejercicios que quería plantear en clase... y les di una sesión a un grupo de buenas amigas en Barcelona. Me fue extremadamente útil, me enfrenté a mi contenido por primera vez ante personas que me estiman y me dieron su opinión sincera.

Las muletillas

Mención aparte merece el uso de muletillas. Doy clase a universitarios, y curiosamente hay dos muletillas que utilizan de forma casi unánime:

- Si se trata de estudiantes españoles: «en plan» y «o sea».
- Si se trata de estudiantes extranjeros que hablan en inglés: «like» y «you know».

Cada dos o tres palabras cae un «like» o un «en plan», no falla. A veces me dedico a contarlos, es impresionante. ¡Qué derroche de palabras! Les digo: «¡Cuánto esfuerzo para nada! Si quitarais todas las muletillas que empleáis, vuestro discurso quedaría reducido a la mitad». Los jóvenes las utilizan mucho, pero los adultos no andamos a la zaga, es un mal extendido. La lista es extensísima: «y tal», «y tal y cual», «tal, tal, tal», «vale», «bueno», «eeeh, eeeh», «mmm», «de alguna manera», «un poco», «a ver», «¿verdad?», «¿sabes?», «¿sabes lo que te digo?», «¿no?», «ciertamente», «verdaderamente»... Las muletillas se cuelan en nuestro vocabulario, no nos percatamos de su presencia y las repetimos sin darnos cuenta.

Existe la percepción de que es preferible decir una muletilla a no decir nada. Muchos oradores las utilizan mientras están pensando qué decir. ¡Error! Es mucho mejor estar en silencio a soltar esas palabras u onomatopeyas que no aportan significado. Aconsejo ensayar en voz alta poniendo el foco en las muletillas. Cada vez que estemos tentados de decir una, basta con cerrar la boca. Al principio sentiremos extrañeza, las pausas serán un tanto forzadas. Conviene repetir este proceso varias veces hasta que nos acostumbremos a estar en silencio sin necesidad de llenarlo de muletillas.

Mark Zuckerberg, CEO de Meta (la compañía de WhatsApp, Facebook e Instagram), en sus primeras intervenciones aparecía tímido, frío y muy técnico. Y se le reprobó el uso exagerado de muletillas. En su presentación de 2005 en Harvard su incomodidad frente al público era patente, y repitió «like» cada dos palabras.[17] Con los años ha mejorado como comunicador y, aunque sigue siendo criticado por su impasibilidad —apenas parpadea—, no podemos negar que ha eliminado las muletillas. Eso es fruto de la toma de conciencia y la práctica, sin duda.

Ensayar la intención del texto

Cuando conoces bien tu texto puedes trabajar las intenciones que deseas darle al contenido. En teatro se trabaja frase por frase. El director y el actor o actriz van desgranando, para cada réplica, qué quiere decir el personaje aquí, por qué y qué desea transmitir al público. En el caso de una presentación,

17. Su intervención puede verse en YouTube: https://www.youtube.com/watch?v=xFFs9UgOAlE

deberías hacerte las mismas preguntas, qué deseo explicar aquí, por qué y qué va a entender o sentir quien lo reciba.

Establecer tus propósitos, y las emociones que desees evocar en tu audiencia, es el primer paso para después trabajar tu lenguaje corporal, el ritmo y volumen de tu voz, la expresión de tu rostro, tu gestualidad. No hablaremos de la misma forma si deseamos informar, persuadir o entretener. Ni si queremos generar confianza, interés o una acción concreta en el público.

Un ejercicio que hacemos en clase es leer el texto en voz alta con varias intenciones. Primero con diferentes emociones (alegría, tristeza, sorpresa, enfado). Esto ayuda a explorar cómo cambia el mensaje según la emotividad. Después hacemos lo mismo cambiando el ritmo (rápido o lento) y el volumen (alto o bajo), y el resto opina sobre cómo afectan estos cambios a la percepción del mensaje. Es interesante que cada profesional encuentre el propósito de su texto y desarrolle una mayor conciencia de cómo expresar esa intención. Por ejemplo:

- Una madre que va a hacer un brindis en la boda de su hijo. Desea conmover al auditorio y hacerlo sin que las emociones se desborden y acabe llorando u olvidando una parte del discurso. Necesita encontrar el tono justo que la permita conectar con los allí presentes y al mismo tiempo controlar sus nervios, para disfrutarlo y ser ella misma.
- Un médico que tiene que explicar un diagnóstico. Su intención es informar, pero también probablemente tranquilizar al paciente y a sus familiares. Antes de dar un diagnóstico podría leérselo en voz alta, con tono calmado y pausado, usando un lenguaje sencillo y asegurándose de que el tono es el adecuado.

- Un abogado que presenta un caso ante el juez. Su intención es persuadir y convencer. Cuando ensaye, deberá practicar el énfasis en determinadas palabras, modular el volumen de la voz y utilizar gestos con las manos para subrayar conceptos clave.

En una ocasión, ayudé a una farmacéutica a preparar una presentación para una asociación de farmacéuticos de España. El evento lo patrocinaba un laboratorio para promocionar unos medicamentos genéricos que comercializaba. Ella había preparado su *power point*, ensayamos juntas, se lo sabía bien, tenía un montón de cifras que demostraban la mejor rentabilidad del medicamento genérico frente al de marca. Pero era todo un poco monótono, ella decía sus cifras, leyéndolas de sus diapositivas... pero le faltaba lo esencial: conectar con la intención de su mensaje. Le pregunté:

—¿Qué esperas de los otros farmacéuticos que te escucharán?

—Negatividad, ja, ja... —Se sinceró—. Me dirán que los pacientes se niegan a comprar el genérico porque tienen miedo de que sea menos efectivo, porque prefieren las marcas conocidas, porque creen que el médico no lo aprobará...

—Y tú, ¿por qué deseas cambiar eso?

—Porque yo he pasado por lo mismo y le he dado la vuelta, si te preparas bien el argumentario de ventas puedes convencer al paciente y ayudarlo, todos ganamos.

—Vale, ¡pues de eso se trata! No necesitas tantas cifras, pero sí que tu intención detrás de tus palabras sea: «Te comprendo y te puedo ayudar, yo he estado ahí, créeme, sé cómo hacerlo». Tienes que mentalizarte para sentir eso cuando las dices.

Lo repitió con ese sentimiento en su cabeza y su actuación fue más sincera y convincente. Hacerte algunas preguntas te ayuda a conectar con tus palabras y a sentirlas, no solo lanzarlas al aire.

Ensayar el lenguaje corporal

Cuando en clase trabajamos la expresividad corporal, planteo esta pregunta: «¿Quién de vosotros se conoce visualmente?». Muchos alumnos alzan la mano; claro, se miran cada mañana al espejo y saben si son altos o bajos, rubios o morenos, de ojos oscuros o claros. Mi pregunta tiene doble intención, conocerse visualmente no es solo saber qué aspecto tengo. Ni siquiera es ser consciente de si gesticulo o no, si utilizo las manos o las dejo quietas, si me muevo por el escenario o permanezco agarrado al atril. **Conocerse visualmente** no tiene que ver conmigo, sino con el otro. Es entender qué expresa mi lenguaje corporal cuando hablo y qué efecto produzco en los demás. Qué siente mi hijo cuando lo miro de determinada forma, qué experimenta el paciente cuando el doctor resopla mientras lee el informe, qué piensa mi empleado si apenas lo saludo cuando me lo cruzo por la mañana. Somos seres visuales, nuestros interlocutores primero nos ven. Si lo que ven no les convence, o les intimida, hiere, disgusta o simplemente genera dudas, es difícil que nos escuchen. En política es frecuente. Los periodistas y las redes se fijan en un mero gesto y lo elevan a la categoría de debate, lo analizan hasta la saciedad y sacan conclusiones. Un apretón de manos o su ausencia pueden provocar casi un consejo extraordinario de ministros. A partir de los mínimos gestos emitimos opiniones y juzgamos, y esos juicios de valor influyen en la toma de decisiones. Pueden condicionar a quién contratar, a quién promocionar, a quién pedirle una cita… Un amigo dueño de un restaurante necesitaba un camarero y me contó que entrevistó a varios candidatos. Uno de ellos destacaba por su currículum, tenía estudios de hostelería, hablaba bien inglés… Sin embargo, cuando le dio la mano no la estrechó del todo, hizo un gesto lánguido, falto de energía. Mi amigo reconoció que eso no le causó una buena impresión, e influyó en su decisión final: pese a su brillante currículum, se decantó por otro candidato.

«Sed moderados en vuestro gesto; que la acción se acomode a la palabra y la palabra a la acción», dice Shakespeare.[18] En teatro cada gesto cuenta. Cuando estudias Arte Dramático dedicas muchas horas a tomar conciencia de tu capacidad expresiva, a aprender a moverte, a utilizar cada parte de tu cuerpo, desde el más mínimo gesto, como alzar una ceja o colocarse una chaqueta. Incluso te enseñan a sorber una taza de té. Cuando producía teatro, lo que más disfrutaba eran los ensayos. El director se tiraba horas repasando cada movimiento en escena, unos centímetros más atrás o más adelante podían condicionar la interacción con los demás y el significado de lo que se deseaba transmitir. Por eso el suelo del escenario está lleno de marcas, porque cada gesto cuenta. Cómo doy la mano, cómo me siento, cómo cruzo el umbral de una puerta… En la vida real también es así, nuestros gestos dicen mucho de nosotros, aunque no seamos conscientes. Cuando llegamos por la mañana a nuestro trabajo, solo por cómo saludamos al recepcionista, por

---

18. Hamlet da instrucciones a los actores sobre cómo deben representar la obra que él ha preparado para desenmascarar al rey Claudio, en el acto III, escena II. En el original en inglés: «Suit the action to the word, the word to the action: with this special observance, that you overstep not the modesty of nature».

cómo apretamos el botón del ascensor, por cómo nos dirigimos a los compañeros que nos cruzamos por el pasillo, por cómo empujamos la puerta de nuestro despacho... estamos proporcionando un montón de información sobre nosotros, cómo hemos dormido, si estamos contentos de estar ahí o no, si tenemos algo después que nos pone nerviosos o si por el contrario estamos contentos ya que es viernes y nos vamos de fin de semana.

Todo en nosotros habla. Observo a los alumnos cuando van entrando en clase. Algunos lo hacen arrastrando los pies y se dejan caer en el pupitre, con pesadez; otros sueltan la mochila con estruendo, mientras gritan algo a un compañero; muchos se sientan distraídamente, no se fijan en donde dejan sus cosas porque la charla con el amigo ocupa toda su atención; algunos son silenciosos, ocupan las últimas filas, no sueltan sus pertenencias hasta que no están del todo sentados. Te invito a que hagas lo mismo en una cena, una reunión o en el metro. Observa la gestualidad de los que van entrando y aventúrate a intuir qué piensan esas personas, qué están sintiendo. Es un ejercicio interesante, **aprender a leer al otro**, y cuanto más lo entrenemos, más fácil nos será conectar después.

Veamos un ejemplo. Nuestro hijo fue tenista de alta competición durante años. Con mi marido, lo seguimos por toda España viéndolo jugar, disfrutando de sus triunfos, acompañándolo en sus fracasos. Ambos nos poníamos nerviosos cuando el partido se torcía o, por el contrario, cuando ya casi lo tenía, porque los partidos hay que cerrarlos y a veces es complicado. Pero lo expresábamos de forma diferente. Yo me mantenía más contenida; mi marido, a cada punto fallado gesticulaba mucho, levantaba los brazos, negaba con la cabeza, se desesperaba. Hasta que un día mi hijo le confesó que desde la pista notaba su gestualidad en la grada y le afectaba. Compartí esta anécdota con el gran Marc Gasol y me contó que en el Bàsquet Girona habían hecho un experimento con el equipo alevín: en un partido hicieron jugar a los progenitores, sentaron a los hijos en las gradas y les dieron la consigna: «Comportaos como lo hacen vuestros padres cuando vosotros jugáis». ¡Qué gran lección! Los adultos aprendieron hasta qué punto se notan las reacciones desde la cancha y cuánto pueden afectar. **Cada gesto cuenta.**

Los no-actores estamos muy desconectados de nuestro rostro y nuestro cuerpo, nos pasamos horas sentados frente al ordenador, trabajando solo con nuestro cerebro, mientras nuestro cuerpo se acartona, pues apenas lo utilizamos. Si hay suerte y no salimos muy tarde del trabajo, podemos algún día ir al gimnasio, a correr o a jugar algún partido de padel o fútbol. Pero en general estamos instalados en esa disociación entre mente, cuerpo y alma. Actuar es lo contrario. El actor se conecta, es todo uno: su cuerpo, su mente y su corazón se expresan unidos. Cuando un no-actor se expone a un auditorio tiende a concentrarse en el discurso, qué voy a contar, espero no dejarme nada… No es consciente de la conexión entre cuerpo y mente. Sin embargo, nuestra corporalidad nos acompaña allá donde vamos y habla por nosotros, igual o con más potencia que nuestra voz. El cuerpo expresa todo lo que siento, no puedo esconderlo. El camarero que recoge tu mesa en un restaurante y pregunta «¿Todo bien, señora?» mientras va colocando platos en su brazo, pero no te mira ni se fija en cuánta comida has dejado en el plato, te está diciendo con su gestualidad que, en realidad, no espera tu respuesta ni le interesa. El médico que te recibe diciendo «Pase, pase, cuénteme qué le sucede» mientras teclea en su ordenador y mira su pantalla no te está invitando a que confíes en él.

Nos interesa entender nuestra gestualidad para saber hasta qué punto influimos en el otro, y conseguir que nuestro cuerpo hable a nuestro favor y sea coherente con nuestro discurso. ¿Cómo proceder?

1. Di tu discurso delante de un espejo. Puedes hacerlo ante un espejo físico o bien grabarte con el móvil, o pedir a alguien de confianza que te dé retroalimentación, que te mire.
2. Observa tu rostro y tu cuerpo mientras hablas. ¿Sonríes? ¿Mueves las manos? ¿Balanceas el cuerpo? ¿Tienes tics? ¿Dónde miras? ¿Tienes una postura abierta? Toma conciencia simplemente de tu gestualidad, aprende a familiarizarte con ella. Quizás descubres cosas que desconocías.
3. Anota aquellos elementos de tu forma de expresarte con los que no estés conforme o que no sean coherentes con tu discurso.
4. Vuelve a ensayar concentrándote en intentar eliminarlos.

De estas cuestiones hay dos especialmente relevantes: la **sonrisa** y la **postura abierta**. Si la respuesta del lector a estas preguntas es negativa, conviene hacer un parón aquí. Lo que Toni Nadal, tío y entrenador de Rafael Nadal, le exigía al tenista en cada entrenamiento y que él calificaba de «buena cara» es básico para triunfar como comunicador. Si no pones buena cara, no conectarás. No se trata de sonreír mostrando toda la dentadura, cada persona tiene su gestualidad, hay rostros risueños de por sí, otros a los que la sonrisa abierta les resulta forzada, pero siempre hay pequeños detalles que se pueden trabajar como, por ejemplo, no fruncir el ceño, ni mirar fijamente, intentar dulcificar el rostro bajando las tensiones, mantener la postura erguida, no encorvar la espalda, que el tronco se sitúe de cara al interlocutor, no de lado ni torcido, no bajar la mirada ni torcer mucho el cuello.

¡Buena cara! Es crucial cuando vamos a pedir algo. Pensemos en todas las personas que trabajan desde una ventanilla y con las que interactuamos diariamente: los funcionarios que tramitan certificados, empadronamientos, atienden solicitudes de visados o DNI o tramitan licencias y multas en las oficinas de la Dirección General de Tráfico; los gestores de oficinas bancarias; los administrativos en los hospitales que se encargan de citas, reclamaciones y partes médicos; los empleados de las oficinas de correos, que reciben paquetes para envíos, requerimientos y hacen seguimiento de cartas; los azafatos en los mostradores de las compañías aéreas, a los que acudimos para protestar por retrasos de vuelos, hacer el *check-in* y efectuar cambios de billetes… ¿Sigo? ¡¡La lista es interminable!! Y una parte importante de su diálogo con nosotros es la gestión de nuestras quejas. Ciertamente cada vez son más los trámites que hacemos *online*, charlamos con bots, teléfonos automatizados o escribimos a correos electrónicos genéricos. Pero a quién no le ha pasado acabar exhausto por la falta de comprensión que el bot nos transmite hasta decir: «Me voy a la oficina a hablar con alguien a ver si me aclaro». Al final, necesitamos ver un rostro humano que empatice con nuestro problema. Y cuando esto ocurre, cuando nos desplazamos hasta la oficina de Vueling, de MRW o de BBVA porque no podemos más con el contestador automático, ¿nos asomamos a la ventanilla de turno con la sonrisa puesta? La sonrisa lo cambia todo. Buena cara, por favor, es la mejor manera de empezar.

Para acabar con esta introducción al lenguaje no verbal, quisiera hacer un pequeño inciso respecto a la gestualidad. Yo trabajo desde el sentimiento del actor. Creo que la base para que una actuación convenza y emocione es que el ponente conecte con lo que siente y piensa. No comparto del todo las teorías de comunicación que adjudican significados a determinados gestos. Sé que hay mucha literatura al respecto: si pones las manos bajo la mesa en una entrevista tienes algo que ocultar, si cruzas los brazos en una negociación te niegas a avanzar... Con todo el respeto por los teóricos de la gestualidad, en mi modesta experiencia, esos significados son limitantes. Uno puede cruzar los brazos por estar aburrido o tener frío, no necesariamente por no estar dispuesto a negociar.

Salvedad merecen las teorías que defiende **la quinésica**, la disciplina que analiza el lenguaje corporal, los movimientos, expresiones faciales y gestos **con relación a la cultura**. Creo que sí existe una relación directa entre tus gestos y dónde te crías. El ser humano aprende por mimetismo. ¿Por qué los italianos hacen el icónico gesto de la *pigna* (consistente en juntar las puntas de los dedos de una o ambas manos y agitarlas de arriba abajo)? Porque aprenden copiando a sus padres y abuelos. Mi marido es de Milán, le sale todo el tiempo. La gestualidad asociada a la cultura y los orígenes me fascina. Cada cultura posee gestos que simbolizan un modo de entender la vida, y es importante conocerlos y respetarlos. En Luxemburgo la gente se quita los zapatos cuando entran en tu casa; aprendimos a hacerlo cuando vivíamos allí. En España sería impensable. Es bonito instruirse y adaptarse, también adecuar tu gestualidad.

Hay gestos específicos de un determinado sector o entorno laboral. En el mundo del teatro un beso en la boca, un pico, no tiene un significado amoroso. Los actores se besan así para saludarse, lo he visto muchas veces en los ensayos. Al principio me chocaba, en el entorno de la multinacional un gesto así sería inadmisible. No me imagino a nadie en una empresa como Procter llegar por la mañana y empezar a repartir picos a diestro y siniestro.

Cuando hacemos el ejercicio del espejo en clase suelen surgir dudas respecto a la gestualidad. Voy a resumir aquí las cinco preguntas más frecuentes, pues seguro que muchos lectores se sienten identificados.

1. ¿Qué hacer con las manos?

¿Es mejor mover las manos o dejarlas quietas? Todos los alumnos tienden a contestar: «¡Moverlas!». Tuve en clase una estudiante japonesa que en una presentación empezó a hacer grandes aspavientos y agitar sus brazos y manos exageradamente. Le pregunté qué le pasaba. Me contestó que en su país no solía gesticular al hablar, pero como estaba en España, había decidido ser más expresiva. Era evidente que no estaba cómoda; le aconsejé no hacerlo.

Como regla general diría: haz aquello con lo que te sientas cómodo, no te fuerces, si prefieres mover las manos, hazlo, siempre que acompañen tu discurso, que lo enfaticen, en definitiva, que tus gestos sean coherentes con lo que explicas.

Si decides no utilizar tus manos, la siguiente pregunta es ¿qué hago con ellas? Nuevamente, es una cuestión de confort, en escena debes sentirte a gusto para conectar. Puedes hablar perfectamente sin valerte de tus manos, dejando tus brazos junto al cuerpo. Muchos clientes temen ser percibidos como demasiado estáticos. No obstante, el dinamismo en un discurso lo transmite tu energía, tu confianza, y eso puede comunicarlo tu voz, tu mirada, tu actitud... No necesariamente tus manos. Ahora bien, si te incomoda lo que puedas proyectar, ensaya varios gestos que acompañen a tu discurso en determinados momentos. Por ejemplo, utiliza los dedos —uno, dos, tres...— para enumerar una lista de consejos, o junta el índice y el pulgar en las conclusiones o mensajes más importantes.

2. ¿Cómo eliminar los tics?

¿Qué es un tic? Son aquellos gestos no coherentes con el discurso. Como hemos dicho, las manos deben ayudar a enfatizar tus palabras, lo contrario son tics. Tocarse el pelo, subirse las gafas, rascarse, colocarse la chaqueta, dar vueltas a un collar... son gestos que no aportan información al discurso, y, por lo tanto, deben eliminarse. Cuando asesoré al director de un museo de Madrid, un personaje público muy acostumbrado a dar charlas, enseguida vi que se rozaba una oreja mientras hablaba. Se quedó atónito.

—¡En todos estos años nadie me lo había dicho!

—Es lo que tiene ser jefe, ja, ja —le repliqué.

Los tics no son complicados de neutralizar, basta con tomar conciencia y ensayar unas cuantas veces focalizándote en no repetir ese gesto, hasta que desaparezca.

En alguna ocasión he tenido que emplear métodos un poco más drásticos. Una vez ensayé una ponencia con un empresario muy joven, de veintiséis años, que presentaba su *start-up* ante una ronda de posibles inversores y me contactó para conseguir impactar y transmitirles confianza. Estaba visiblemente muy nervioso, tenía varios tics en manos y piernas, no podía dejar de moverlas mientras hablaba. El día de la presentación se acercaba, y aunque conocía su discurso al dedillo, los movimientos nerviosos no cesaban. Trabajé con él cómo rebajar la ansiedad a través de la respiración abdominal profunda; mejoró, pero no conseguíamos eliminar del todo esos movimientos nerviosos. Al final me presenté en el ensayo con dos cinturones: «Confía en mí», le dije. Le até uno alrededor de los tobillos y otro juntando las muñecas a la espalda. Hizo su discurso y de repente algo cambió, fue como si conectara con ese ser más tranquilo que llevaba dentro, como si, al no poder mover brazos y piernas, se percatara de que en realidad no necesitaba hacerlo. Se relajó, lo repitió un par de veces con cinturones, y a la tercera se los quité. Se expresó muy relajadamente, apenas movió las piernas y las manos.

3. ¿Es bueno moverse en escena?

El movimiento en el escenario aporta dinamismo. En general, utilizar tu cuerpo como forma de expresión es muy enriquecedor para la comunicación. Ahora bien, dependerá de varios factores, especialmente la duración de tu discurso, la cantidad de público y la intención que le quieras dar.

- **Duración**: si vas a hablar dos minutos no necesitas moverte, puedes quedarte perfectamente quieto, clavado en el sitio si estás de pie o sentado frente a tus interlocutores. En un discurso corto el movimiento es innecesario, hasta puede provocar distracción. Si por el contrario hablas durante una hora o más, es bueno darle un cierto dinamismo a la escena. Anda por el escenario en aquellas partes de tu discurso que sean más explicativas, que tengan el tono de una narración. No es aconsejable moverse cuando transmites mensajes clave o frases espacialmente graves. Elige el momento adecuado para dar unos ligeros pasos.

- **Público**: si hablas en una sala de juntas para diez personas no es necesario moverse. Si tienes frente a ti una platea con quinientos asientos, la movilidad te ayudará a entender si el público te sigue o no con la mirada. Quizá puedes bajar del escenario y pasearte por el pasillo. En cualquier caso, el movimiento será un recurso más a tener en cuenta para que la actuación no decaiga.
- **Mensaje**: si vas a compartir algo personal con tu pareja o con tus hijos, lo mejor es hacerlo todos sentados, bien cerca, sin moverse. Cualquier mensaje íntimo, delicado, invita a la calma, probablemente el movimiento no te ayudará.

En una ocasión, trabajé con la directora general de una gran corporación en la preparación de su discurso para la convención anual. El evento era en el Palau de Congressos de Catalunya, un auditorio imponente con cabida para 2500 personas. Le dije que fuéramos a visitarlo semanas antes para conocer el espacio.

—Uf, ¿en serio hace falta? —dudaba—. Tengo mucho trabajo...

—Créeme, es importante, debes familiarizarte —insistí.

Cuando se subió a aquel escenario de dieciocho metros de ancho y tuvo delante las 2500 butacas, le entró vértigo, y eso que estaban vacías... Comprendió que necesitaba ensayar *in situ* y no podía quedarse estática, tenía que caminar por el espacio para dar dinamismo a su actuación. Al tratarse de tantos metros y de un discurso largo, de una hora de duración, tuvimos que colocar una mesa baja en mitad del escenario con un vaso de agua para que pudiera hidratarse. Le hice ensayar los movimientos físicos, cómo subiría al estrado por la rampa lateral, qué pasos daría y en qué dirección, y en qué momentos pararía. Era un espacio demasiado grande para improvisar, había que moverse y había que decidirlo antes.

4. ¿Ponerse en pie en una reunión?

En la junta de mi comunidad hay un vecino que tiene tendencia a levantarse cuando le toca hablar. Solemos vernos en el salón de quien es el presidente ese año. Somos entre doce y catorce asistentes a la reunión, así que hay asientos para todos; echando mano de los sofás y sillas bien juntas alrededor de una mesa de centro, no queda espacio para moverse. Es extraño que él se ponga de pie. Cuando se levanta e intenta hacerse paso entre la mesa y las sillas siempre alguien tiene que recolocarse. Seguramente él necesita ese movimiento y está acostumbrado a hacerlo, pero debería preparase antes, mentalizarse para hablar sentado en esa ocasión concreta.

Sin embargo, en ocasiones, aunque todo el mundo esté sentado, o precisamente por eso, levantarse marca la diferencia, genera dinamismo y llama la atención. Algunos ejemplos:

- Reuniones del consejo de administración que se alargan y se alargan. Todo el mundo suele hablar sentado, ¿por qué no cambiar las reglas? Si te levantas, probablemente saques del sopor al auditorio.

- En una boda es necesario alzarse, micro en mano, pues los parlamentos suelen ser al final del banquete. Los allí presentes están charlando animadamente con sus comensales, notan ya el efecto del alcohol y la comida copiosa, si el que habla no se levantara nadie lo escucharía. He visto incluso a algún orador encaramarse a una silla o mesa... Eso ya lo dejo al buen criterio del actor.
- En una reunión del colegio muchas veces el padre o la madre que interviene lo hace sentado. Si te levantas aumentas la atención, puedes expresarte mejor, ya que utilizas tu cuerpo, ganas visibilidad y facilitas la memorización: te recordarán mejor.

A veces un mínimo movimiento, aunque el espacio sea reducido y no invite a la acción, puede generar una conexión especial con el oyente. Pienso en el médico que debe dar una mala noticia a su paciente. Normalmente lo hará en un despacho con dos sillas y, entre estas, una mesa de trabajo. En un momento dado, dependiendo de la reacción del paciente, el médico podría tomar su silla y pasar al otro lado de la mesa, solo como un gesto de acercamiento, para decirle al enfermo: «Estoy contigo».

5. ¿Dónde mirar?

También para la mirada tiene Shakespeare una cita de la que aprender: «Sus ojos hablan».[19] En los ojos de la persona podemos entender mucho de lo que piensa y siente. Por eso

---

19. En el original inglés: «There is language in her eye», *Troilo y Crésida*, acto IV, escena V.

siempre aconsejo no leer los discursos, sino memorizarlos hasta el punto de no necesitar un papel con anotaciones en escena, pues si leo, el público se pierde la parte más importante de mi expresividad, mi mirada.

Y ¿dónde mirar? Eso dependerá de cuánta gente tengas en el auditorio:

- Si es una entrevista personal, mira la mayor parte del tiempo a tu interlocutor. Puedes apartar la vista de tanto en tanto, especialmente si sientes que quien te escucha se incomoda con tu mirada sostenida; en cualquier caso, no mires nunca fijamente. Puedes utilizar el truco de llevar la vista al entrecejo, o a la izquierda o a la derecha del rostro, para no intimidar.

- Si hablas para un grupo reducido de personas es interesante pasear la mirada por todos ellos, ni muy rápido —podrías ponerlos nerviosos—, ni muy lento —podrían sentir que te detienes especialmente en alguien—. Si cuando explicas algo alrededor de una mesa omites mirar a alguien, sin querer, esta persona puede sentirse ignorada. Al establecer contacto visual con cada uno de los asistentes los estás incluyendo en tu discurso, les estás diciendo indirectamente «hablo para vosotros». Así que no te dejes a nadie. Y si crees que va a ocurrirte, ensaya la mirada. Pon carteles con los nombres de los futuros asistentes en una mesa y ensaya haciendo el esfuerzo de ir mirando a cada uno de esos carteles.

- Si das una conferencia en un auditorio ante un amplio público, quinientas personas o más, no vas a poder mirarlas a todas. Divide al público en bloques —cuatro o seis, dependerá de la disposición del aforo— y mira por zonas.

Pasea tu mirada por las diferentes secciones, con la misma intención que en el caso de la reunión, pero sin mirar a personas concretas. Quizá sea necesario que des unos pasos por el escenario para hacerlo adecuadamente.

Cuando ayudo a los jóvenes graduados de mi universidad a preparar sus primeras entrevistas laborales, planteo juegos de rol en los que yo soy el entrevistador y ellos deben venderse. A veces soy amable y comprensiva; otras, juego a ser la jefa dura y despiadada que les hace preguntas impertinentes sobre su currículum para desenmascarar a los que fingen una experiencia que no tienen. La respuesta invariablemente es ponerse rojos y bajar el rostro. Les digo: «Está bien ese gesto de humildad inicial, apartar la mirada cuando te afean algo, pero después sobreponte y vuelve a buscar el contacto visual con tu entrevistador, debes ser capaz de "aguantar" la mirada». Es un pequeño reto, entrénate para perder la incomodidad de mirar cara a cara, pues en esa mirada está la defensa de tu currículum, es como decir: «No tengo experiencia, pero sí muchas ganas de trabajar aquí». Si no pueden verte, no entenderán qué pasa por tu cabeza.

También animo a los jóvenes bachilleres que presenten su trabajo de fin de curso a sobreponerse de la impresión inicial y mirar a los ojos a todos los profesores que forman el tribunal, a cada uno de ellos, con seguridad y cariño, desde el convencimiento de que saben de qué hablan y van a ser bien recibidos. Todo es cuestión de prepararlo antes, ensayar ese «paseo de la mirada», para que se vuelva algo natural.

¿Quién no se ha sentido alguna vez excluido con la mirada? Cuando me apunté a la coral del centro cultural de mi barrio, la formaban un conjunto de treinta mujeres muy consolidado, hacía años que cantaban juntas. El primer día estaba nerviosa, todo era nuevo, no conocía las partituras, pero estuve atenta a las indicaciones que el director nos fue dando. Enseguida me percaté de una cosa, cuando él hablaba y paseaba su mirada por el coro, me saltaba. El ensayo duró dos horas, no me miró ni una vez. A la semana siguiente tuve la misma sensación. A la tercera semana comprendí que no eran imaginaciones mías. Así fue hasta el concierto de Navidad. Ese día, en el ensayo general, sí me miró; por primera vez sus ojos y los míos se encontraron. A la vuelta de vacaciones empezó a incluirme con su mirada, como hacía con las demás. No sé por qué se comportó así, tal vez no confiaba en que durara en el grupo y me puso a prueba, nunca lo supe, pero tuvo su efecto. Aunque era bastante más joven que yo, me tenía acoquinada, no falté a ningún ensayo e intenté darlo todo en los conciertos. Cuán importante es la mirada.

6. ¿Cómo vestirse?

El vestuario en el teatro cumple una función esencial: no solo viste al actor, sino que ayuda a construir al personaje, comunicar su personalidad, su época y su estado emocional. A través de la ropa, el público entiende de inmediato si un personaje es noble o humilde, moderno o clásico, alegre o sombrío. Cuando hacía teatro *amateur*, como contábamos con medios escasos, la escenografía era siempre muy somera. El peso de la puesta en escena recaía en el vestuario, que solíamos comprar en mercadillos de segunda mano. En ocasiones, un mismo actor interpretaba dos personajes, y a través de las distintas prendas y la caracterización generábamos un determinado ambiente para dar pistas al público sobre el tono de la obra.

Este mismo principio se aplica fuera del escenario: el vestuario es una herramienta poderosa en cualquier acto de comunicación. En la vida cotidiana, la ropa que elegimos proyecta mensajes sobre quiénes somos, cómo nos sentimos y cómo queremos que nos perciban. No se trata solo de estética, sino de identidad, pertenencia y expresión. Mi amiga Antonella siempre va de negro: pantalón, camiseta y americana negras.

«A mí no me importa la ropa», se enorgullece.

En realidad, si le diera igual se pondría cualquier cosa. Pero escoge un color y unas formas determinadas, su elección es consciente, sobria y elegante. Luego sí le importa.

En el ámbito empresarial, esto cobra aún más relevancia. Un atuendo profesional puede transmitir seguridad, competencia y respeto, facilitando la credibilidad en reuniones, entrevistas o negociaciones. Hay sectores o zonas geográficas con códigos de vestimenta muy definidos, y si deseas ser aceptado es importante estar atento a las señales. Trabajando en Esade en Madrid organizamos una reunión con la Consejería de Educación del Ayuntamiento para estudiar un posible acuerdo de formación con un programa de gestión pública que ofrecíamos. A la reunión acudía el director de dicho programa en dicha ciudad, su homónimo en Barcelona, y yo como directora de programas de Esade en la capital. El director de Madrid llegó a la reunión vestido con traje diplomático, camisa de vestir y corbata. El de Barcelona, con un jersey de lana a rayas grises y negras, pantalón tejano negro y una camisa gris *sport*. ¡No daba crédito! Ese atuendo era ideal para visitar a los regidores del Ayuntamiento de Barcelona, pero no en Madrid. Allí hubiéramos causado muy mala impresión. Por suerte llegó con tiempo, así que le pedí amablemente que fuera a Zara a comprarse un traje y una camisa. Donde fueres, haz lo que vieres.

Cuando hablo de vestimenta incluyo también los accesorios, el peinado, el maquillaje, el perfume… Todo lo que hable de mí, todo lo que sea visible me define. Una simple camiseta puede generar un gran estruendo. Este año más de dos mil empleados de Starbucks hicieron una huelga en protesta por el nuevo código de vestimenta. Hasta ese momento podían vestir una amplia gama de colores oscuros y camisas estampadas debajo de los delantales verdes; pero el nuevo código imponía límites: solo camisas negras lisas.

Así como en el teatro, en la vida real el vestuario es un lenguaje silencioso pero elocuente, que influye en la percepción que los demás tienen de nosotros. Comprender y utilizar este lenguaje de forma consciente puede ser clave para una comunicación más efectiva y coherente. Si te importa esa reunión, esa presentación, esa cena, esa entrevista, ese funeral que tienes al día siguiente, decide la noche anterior qué te vas a poner mañana y por qué. No lo improvises. Piénsalo con calma antes.

La voz

La voz es una herramienta de comunicación crucial. Es un reflejo de la personalidad del comunicador, y puede decir mucho de este. Es una parte importante del trabajo del actor, y, por tanto, de cualquier ensayo.

He hablado hasta ahora del poder de las palabras. Sin embargo, su impacto dependerá en gran medida de cómo sean dichas. Un discurso motivacional con un **tono** monótono perderá fuerza, mientras que una historia sencilla con variaciones de tono y pausas puede conmover profundamente.

La voz no solo transmite palabras, sino también emociones. Una vez vino el revisor del gas a casa a hacer el control anual de la instalación. Cuando acabó me dio varias pautas sobre cómo purgar los radiadores, qué hacer en caso de que la caldera se atascara... Su tono era el de un profesor de parvulario que le habla a una niña pequeña.

«¿Sabeeee? Esto noooo debe tocarlo, ¡nooo! Siempre mejor llamar al técnico».

Me sorprendió. Supongo que lo hizo con la mejor de las intenciones, pero dio toda la impresión de que no me veía capaz de entender las instrucciones de una caldera.

Cuando imparto clase a estudiantes de grado incido mucho en el valor añadido de la voz en una conversación. Para ellos es la gran desconocida, dado que su forma habitual de comunicarse es escribir a través del móvil. Lo que no se conoce o no se utiliza con frecuencia no se puede echar en falta, y ellos no le ven sentido a llamarse, lo consideran una pérdida de tiempo. Les digo que no todas las emociones se pueden condensar en un emoticono o un meme, mientras que el tono de su voz es único y expresa una parte de su personalidad. Para mensajes banales, WhatsApp es rápido y fácil, pero si tienes que dejarlo con tu novio, dar el pésame a un familiar o explicar algo importante y complejo, la voz resulta de gran ayuda.

Hace poco di una formación a un grupo de comerciales jóvenes, de menos de treinta años. Su jefa, de mediana edad, me llamó preocupada: «No hacemos un seguimiento adecuado a nuestros clientes porque a los comerciales les cuesta mantener conversaciones».

En el curso salió a debate cómo contactar con el cliente, ¿*email* o teléfono? Unánimemente preferían el *email*, así que les propuse un juego de rol en el que yo era el cliente y uno de ellos contestaba a mi llamada. Le planteé un par de dudas, y según el comercial me respondía, yo saltaba a otros temas. Al final, entre preguntas y respuestas le fui dando mi opinión sobre mi relación con ellos y cómo podían mejorarla, algo que por *email* hubiera sido imposible de abordar. Se dieron cuenta de que, en la interacción con el otro, en el tono de su voz (dubitativo o seguro), en las pausas (intentando buscar la expresión correcta), hay un montón de información que ayuda a solventar la situación satisfactoriamente. Si deseamos un cliente contento con quien construir una relación a largo plazo, la voz es una herramienta valiosísima.

Cuando un emisor se sitúa frente a un grupo, hay dos emociones primordiales que su voz debe transmitir: **credibilidad y autoridad**. La forma en que hablas puede determinar si tu audiencia te cree y se involucra, o bien no te cree y se desconecta. Una voz segura y bien proyectada transmite confianza y liderazgo. Si una persona habla con inseguridad o vacilación, su mensaje perderá impacto, aunque el contenido sea valioso. En la reunión de la comunidad o en la de padres del colegio, todos recordamos a aquel ponente que habla y no consigue que le escuchen —especialmente en nuestro país, pues con frecuencia y por desgracia, no se respetan los turnos de palabra—, su voz se solapa con la de otro que empieza a hablar al mismo tiempo; y también a aquel personaje que da su opinión, tal vez en un tono más bajo, pero hay algo en el color, el ritmo, la cadencia de su voz que nos invita a escucharlo, por encima de los demás. Greta Thunberg, la joven activista climática, tiene un timbre de voz suave; pese a no poseer el tono grave o imponente de un líder tradicional, transmite una mezcla de indignación y pasión que logra impactar a su audiencia.

Un ejemplo de la importancia del tono de voz en el que todos los padres nos reconocemos es la etapa de la adolescencia de los hijos. Ellos pasan por muchos cambios físicos y psicológicos, están más irritables y la comunicación se complica. Lo habitual es que aumenten las discusiones y los conflictos desagradables donde afloran la incomprensión, rabia, impotencia. Todos en alguna ocasión hemos sentido que la bronca se nos iba de las manos y hemos chillado, amenazado o hecho algún comentario del que nos arrepentimos después. Yo he pasado por ahí, y he aprendido a base de errores. Así que solo me permito dar un pequeño consejo: el modo en que hables a tu hijo es clave para ayudarle. Tu tono calmado y respetuoso es un buen espejo para que él o ella aprenda a controlar sus emociones y hable a su vez con un tono sosegado.

Además del tono, hay otras variables —como el ritmo o la intensidad— que juegan un papel decisivo en la manera en que se percibe tu mensaje. El rey emérito, Juan Carlos I, sorprendió a propios y extraños, monárquicos y antimonárquicos, cuando pidió disculpas públicamente por su controvertido viaje de caza a Botsuana. Desde una perspectiva vocal, su breve declaración —«Lo siento mucho. Me he equivocado. No volverá a ocurrir»— se caracterizó por un tono bajo y un ritmo pausado, con una entonación suave. Junto con la elección de las palabras, sencillas y directas, transmitió una sensación de sinceridad y arrepentimiento. Fue una buena actuación.

¿Qué aspectos cultivar para mejorar la voz y emocionar al público? Algunos sencillos consejos:

1. **Hidrátate.** Esto es quizá lo más importante, lo único que no puedes olvidar, bebe agua. Es bueno hacerlo antes de

hablar, la hidratación protege la mucosa de las cuerdas vocales; eso las hará mantenerse flexibles y elásticas y facilitará el que vibren correctamente, lo cual repercutirá en la calidad de tu voz. Y también hidrátate cuando hables mucho rato, para prevenir la fatiga vocal.

2. Practica la **respiración diafragmática** para mantener una voz firme y estable. Antes de hablar, respira profundamente para calmar y proyectar mejor el sonido.
3. Varía **el tono** y **el ritmo**. Un discurso monótono desengancha a la audiencia. En el proceso de ensayo de las intenciones del texto comentado antes, introduce cambios en el tono de la voz para enfatizar puntos clave.
4. Cuida **la dicción** y **la articulación**. Vocaliza bien para que cada palabra se entienda claramente.
5. Evita hablar **demasiado rápido** o **demasiado lento**.
6. Usa el **volumen adecuado**. Adapta tu volumen al contexto: en un auditorio grande, necesitas proyectar más; en una conversación íntima, es mejor bajar la intensidad. Es importante encontrar un equilibrio natural, evita gritar o hablar demasiado bajo.

Puedes grabarte y escuchar dónde mejorar el ritmo, el tono, la dicción, la velocidad o el volumen. No se trata de cambiar tu timbre de voz, solo de hacer pequeños ajustes que sean acordes con lo que deseas transmitir, a quién y dónde. En definitiva, la voz es una de las herramientas más poderosas en comunicación, y pequeños cambios logran marcar grandes diferencias en el impacto de tu discurso.

Una vez que has trabajado todos estos aspectos de este poderoso instrumento, hay un elemento que enriquecerá especialmente tu discurso: la no-voz, es decir, las pausas y los silencios.

Las pausas y los silencios

Si enfrentarse a un público impone, hacerlo en silencio puede dar pavor. Existe la creencia de que encima de un escenario es necesario hablar todo el tiempo, no hacerlo parece una debilidad o da la impresión de no saber qué decir. Se cree que el silencio debe llenarse siempre de palabras. Sin embargo, controlar las pausas, estar frente a una platea abarrotada sin necesidad de ocupar todos los espacios con palabras, es una señal de dominio de la situación. Y hay además una curiosidad que pocos saben: la percepción del tiempo es muy diferente en el escenario respecto a la platea. Lo que para el actor se convierte en «minutos eternos», para el público confortablemente sentado en su butaca es apenas imperceptible. El tiempo transcurre a ritmos muy dispares para el que habla y para el que escucha.

Las pausas pueden enriquecer mucho tu discurso.

- Una pausa antes de hablar genera suspense, intriga. En los Óscar, el presentador que abre el sobre y dice «and the Oscar goes to» hace un pequeño descanso antes de leer el nombre del ganador; si lo dijera todo de corrido perdería parte de la expectación que crea ese momento.
- Una pausa después de una afirmación le da peso a esa idea y permite que tu audiencia procese la información.
- Las pausas permiten a los que escuchan distinguir los mensajes más importantes del resto del discurso. Si todo se dice seguido, sin pequeños paréntesis, el oyente tendrá dificultades para distinguir lo esencial de lo accesorio. Las pausas bien colocadas nos dan pistas en este sentido.

Cuando Hillary Clinton perdió las elecciones frente a Donald Trump, dio un discurso en el que mostró una vulnerabilidad inédita en ella. Su voz no sonaba firme y segura, me impresionó lo afectada que apareció. En las partes más sensibles del discurso, hizo pausas que daban espacio a la audiencia para sentir la conexión emocional. Por ejemplo, antes de decir «Sé lo decepcionados que os sentís porque yo también lo siento, y también decenas de millones de estadounidenses que depositaron sus esperanzas y sueños en este esfuerzo. Esto es algo doloroso y lo será por mucho tiempo»,[20] hizo una larguísima pausa que brindó tiempo a los allí presentes para asimilar las emociones compartidas, prepararse para esa declaración tan conmovedora y permitir que las palabras calaran.

Los silencios son técnicamente esos momentos en los que el actor o la actriz no debe hablar, está simplemente esperando dar su réplica. Aunque no diga nada, permanece en escena, atento, respirando en el personaje. Su silencio no lo excluye de la narrativa; al contrario, su forma de estar —la mirada, la postura, el gesto contenido— puede transformar la atmósfera.

En comunicación, los silencios no representan espacios vacíos: son escenas sin diálogo que hablan igual o más que las palabras. En esos momentos en los que no decimos nada, nuestro cuerpo, nuestro rostro, nuestra presencia siguen actuando.

Debemos entender que incluso en el silencio seguimos comunicando, y que, muchas veces, ahí es donde más auténticamente lo hacemos. Durante una comida familiar, mi tía abuela nos contó sobre una enfermedad reciente. Su voz era pausada,

---

20. En el original en inglés: «I know how disappointed you feel because I feel it too, and so do tens of millions of Americans who invested their hopes and dreams in this effort. This is painful and it will be for a long time».

un poco tensa, sentí que para ella era importante explicarlo. Algunos la miramos con atención, asintiendo. De repente vi a uno de mis primos abstraído revisando su móvil. No dijo nada hiriente, pero su actitud mostraba que estaba completamente fuera de la conversación. Ese silencio suyo no era neutral: comunicaba indiferencia y falta de empatía. No creo que él se diera cuenta, a menudo creemos que cuando estamos «solamente» escuchando, da igual cómo lo hagamos. Menos mal que mi tía abuela no se fijó en él y acabó su historia sin perder la concentración.

Lo digo siempre a mis alumnos, desde el estrado se ve todo, aunque tenga cien estudiantes en el aula, la forma en que me escuchan habla por ellos. Solo por cómo se sientan, cómo me miran, cómo se apoyan en el pupitre, cómo toman notas o miran el ordenador para seguir sus apuntes o para cotillear en Instagram… Lo percibo todo. Y me afecta, por supuesto. Les insisto en que cuando estén en silencio no se abandonen, sigan teniendo conciencia de su cuerpo y de lo que expresa. Siempre estamos actuando, también cuando somos meros oyentes.

LA ESCENOGRAFÍA

El escenógrafo es una figura clave en el teatro. A través del diseño del espacio y del mobiliario transmite un determinado mensaje que refuerza temas clave de la obra. Los colores, las formas, los objetos del escenario pueden simbolizar ideas y emociones que complementan el diálogo entre los actores. Eso ayuda al público a sumergirse en la historia y entender el contexto en el que se desarrolla la acción.

En el mundo de los no-actores es exactamente igual. Los lugares hablan. Cuando entras en un restaurante por vez primera, antes de abrir la carta, antes de sentarte siquiera, solo por la decoración, la iluminación, el perfume ambiental, la música de fondo o la sonoridad, recibes un montón de información subliminal sobre el tipo de comida que ofrece, sobre la categoría de los cocineros, la calidad de los alimentos, el nivel de comensales que puedes esperar, los precios de la carta...

A veces la diferencia entre un acto de comunicación correcto y otro que emocione profundamente está en la escenografía. La Federación Española de Tenis le rindió un homenaje a Rafael Nadal al anunciar su retirada, en un partido de cuartos de final de la Copa Davis en Málaga. Hubo aplausos y parlamentos, y poco más. La intención era buena, pero se notó la improvisación; fue un acto austero, sin grandes efectos, donde el peso lo tuvo un largo discurso del tenista. En París, en Roland Garros, su torneo emblemático —Rafa lo ha ganado en catorce ocasiones—, le hicieron la despedida que merecía. Todo el público se endosó una camiseta roja que rezaba «MERCI RAFA», hubo vídeos recopilatorios de los momentos estelares de su carrera, música emotiva e invitados de honor: Andy Murray, Roger Federer, Novak Djokovic aparecieron por sorpresa. Fue precioso, la puesta en escena tuvo un papel relevante en la emotividad del acto.

En un hospital todo está pensado para ser útil y práctico; hay elementos, como la aparatología médica, que son necesarios, pero pueden intimidar a los pacientes. Todos esos dispositivos tecnológicos que los profesionales utilizan para diagnosticar y tratar enfermedades se nos antojan complejos y nos impresionan. Cada vez hay más hospitales que entienden cómo sus espacios inciden en la curación de los enfermos, por lo que están llevando a cabo iniciativas en este sentido. Es una maravilla la entrada del Hospital Clínic de Barcelona, con un piano de cola que cualquiera que pase por allí puede tocar, junto a una estatua, el rostro de una mujer sonriente y serena, pensada también —en palabras de su creador, el escultor Jaume Plensa— para ser acariciada.

El maravilloso caso de la unidad de oncología pediátrica del Hospital Vall d'Hebron —que he mencionado al hablar de la importancia del lenguaje— nos sirve también como ejemplo de espacio bien pensado. Se han creado áreas lúdicas y educativas, los muros de salas y pasillos están pintados con dibujos de animales y árboles…, la decoración es confortable pero también divertida, lo cual ayuda a los niños enfermos a sobrellevar mejor su estancia hospitalaria. En la Fundación Small me contaron que los pacientes hospitalizados pasaban meses en un cubículo de menos de 2 x 3 metros, así que sus responsables decidieron que harían lo posible por mejorarlo, convencidos de que los espacios pueden curar. Recogieron financiación para construir habitaciones espaciosas, con baño, ventanas exteriores y la posibilidad de que los padres durmieran con el niño, cambio sustancial que antes no era posible. El nuevo espacio dispone de una terraza, con lo que los pequeños pueden jugar al sol, en vez de estar dentro con luces de neón. Todo ello ha conseguido reducir el estrés y la ansiedad de los niños. El espacio les ha cambiado la vida, también a sus familias y al personal sanitario que allí trabaja.

Cada escenografía aporta connotaciones al mensaje que albergue y puede ayudar a contar la historia de forma más efectiva.

Los diferentes espacios

Dado que todo acto de comunicación se desarrolla en un espacio, deberíamos asegurarnos de que ese lugar contribuye a contar una historia. Durante un tiempo fui profesora en LSB (Luxembourg School of Business). Era una escuela nueva: cuando me contrataron llevaba abierta solo un año, tenía pocos alumnos y las aulas ocupaban dos plantas de un edificio de oficinas a las afueras de la ciudad. Creció muy rápido, y como el director era un gran comercial enseguida entendió que ese espacio no los ayudaba a venderse. Las entrevistas para nuevos candidatos las hacía en el vestíbulo de un imponente hotel de cinco estrellas en la avenida principal de la capital. Y a todos los alumnos les decía que la nueva sede de la escuela estaba en construcción. Pero no levantó ningún edificio, hizo algo mejor: negoció con Villeroy & Boch[21] la cesión del Château de Septfontaines, construido en 1783 por Pierre Boch, uno de los propietarios de la empresa. El edificio fue durante años un emblema de gran valor histórico para la marca, pero resultaba pequeño como sede de la actual compañía, por lo que la familia Boch deseaba desprenderse de él. Para LSB fue la jugada maestra: el *château* los revistió de glamur, les confirió la historia que no tenían, cambió la narrativa de la escuela y la posicionó de golpe como «marca de calidad luxemburguesa». Qué importante es escoger bien el espacio.

Para analizar los espacios y sus posibilidades, los dividiré en dos grandes grupos: pequeños con un aforo reducido, grandes para aforos amplios. Veamos algunos ejemplos de ambos casos.

---

21. Villeroy & Boch es uno de los principales fabricantes del mundo de cerámica, tiene su sede y una de sus fábricas en Luxemburgo.

a) Espacios reducidos con aforos limitados

Hablamos aquí de escenas como una reunión con tu equipo, el comité de empresa, la asamblea de la comunidad de vecinos, una entrevista para un nuevo trabajo, una cena entre amigos o la comida navideña familiar. Aunque algunos de estos momentos sean especialmente informales, si eres el organizador querrás que sean un éxito. ¿Cuántas veces una comida ha resultado un fracaso porque la acústica del restaurante era mala, o porque en ese salón hacía demasiado calor, o porque la iluminación era tan fuerte que molestaba a la vista? Es una pena cuando algo así sucede. Veamos qué elementos escenográficos debemos controlar antes de la escena para que sean coherentes con el mensaje:

1. **La iluminación**: asegúrate de que la luz es la adecuada para crear un ambiente acogedor y facilitar la comunicación. En una reunión de equipo o una entrevista, una iluminación bien distribuida puede ayudar a que todos se sientan cómodos y enfocados. En una cena con amigos, las luces deben ser suaves, no directas, para fomentar la relajación y la conversación.

2. **La distribución del espacio**: es importante decidir la disposición de los asientos —quién se sentará dónde y por qué— y la organización del espacio. En una comida familiar, una mesa redonda puede fomentar la interacción más que una rectangular, pero dependiendo del número de comensales no será posible. Dos mesas separadas generarán dos focos de conversación, lo que puede facilitar la relación entre los familiares. En una reunión de equipo, una disposición en círculo o en forma de U ayuda a la participación de todos. En mis clases de teatro nunca hay

mesas, solo sillas; mis alumnos no necesitan tomar notas —les paso las diapositivas después y tienen lecturas sobre los temas que tratamos—. Mi intención es que se expresen con el cuerpo: las mesas son, en este caso, una barrera que no los ayuda a soltarse.

3. **Elementos decorativos**: las plantas y los cuadros pueden hacer el espacio más agradable y menos formal. En una entrevista de trabajo, un entorno bien decorado contribuye a que el candidato se sienta más relajado.

4. **La acústica**: en espacios pequeños es importante controlar el ruido de fondo y asegurarse de que todos pueden escuchar con claridad. Materiales que absorben el ruido, como alfombras o cortinas, mejorarán la acústica.

5. **La comodidad**: el mobiliario confortable hará que las personas se sientan a gusto y, por tanto, más dispuestas a participar. En mi primera comunidad de vecinos, la asamblea anual se celebraba siempre en la portería, con todo el mundo de pie, apoyado en las paredes o sentado en los primeros escalones. Cuando las reuniones se alargaban, aquello se hacía insoportable, así que los temas al final se remataban porque las espaldas no daban para más. Decidí ofrecer nuestra casa, poner unas bebidas y unas galletas, ¡qué cambio! El hecho de poder sentarse agradablemente hizo que todo el mundo estuviera más predispuesto a avanzar en las discusiones, especialmente los más mayores lo agradecieron.

Para controlar todos estos elementos es imprescindible **anticiparse**. Es necesario visitar el espacio con tiempo, de lo contrario no habrá margen de maniobra si algún aspecto de la escenografía no es de tu agrado o prevés que no te ayudará a comunicar. Siempre que doy una formación, llego antes y hago un chequeo a todos los elementos: iluminación, acústica, temperatura de la sala, tecnología… En una ocasión daba un curso a unos directivos en la sede de su empresa. Llegué una hora antes para asegurarme de que todo estaba controlado. Cual no fue mi sorpresa cuando la organizadora me dijo: «Lo siento mucho, te dije que podías venir antes pero el director general está reunido en la misma sala, no puedo echarlo… Me ha asegurado que acabarán antes de las nueve».

¿Qué hacer? El cliente siempre tiene la razón, no pude protestar, tuve que conformarme. Acabaron su reunión a las 8:55 a. m., mi formación empezaba en cinco minutos. No hubo tiempo de verificar nada, más allá de mover un poco las sillas —las habían colocado demasiado separadas y a mí me gusta tener al público cerca—, cargar mi *power point* en su ordenador y comprobar que el sonido de mis vídeos fuera audible. Al poco rato de empezar dos participantes se quejaron («Hace mucho calor aquí»), y se levantaron a subir el aire acondicionado… Al rato otro tenía frío, se levantó a bajarlo. Todo esto me desbarató, me costó concentrarme… En el descanso pedí que regularan la temperatura para no tener más interrupciones. A partir de ahí todo fue bien, pero me hubiera ahorrado nerviosismos de haber podido ajustar la temperatura antes de empezar.

¿Qué espacio es el adecuado? ¿Todo debe ser siempre elegante, cómodo y agradable? En realidad, todo dependerá del mensaje que se quiera transmitir. Cuando tuve como cliente a Inditex, me maravilló su sede en Arteixo, un conjunto arquitectónico muy moderno, de líneas sencillas, espacios diáfanos y amplias ventanas por donde entraba la luz a raudales. Me pareció el lugar ideal para trabajar y deseé tener veinte años menos para postular mi candidatura. Me enseñaron todas las instalaciones, los espacios diseñados para fomentar la comunicación, el ágora donde debatían, los grandes árboles de interior, el gimnasio, los restaurantes... Sin embargo, me chocaron los minúsculos cubículos sin ventanas en los que sus compradores recibían a los vendedores. No había plantas, ni cuadros, ningún elemento personal o corporativo que respirara la cultura de la empresa. Solo frialdad y despersonalización. Comprendí que, tratándose del espacio donde negociaban precios con sus proveedores, era probablemente eso lo que deseaban transmitir. Gran lección: escoge el lugar y el decorado acorde con tu mensaje.

b) Grandes espacios con amplios aforos

La anticipación cobra especial relevancia cuando tienes que dar una charla en un auditorio ante un gran público. Necesitas controlar todos los elementos de la escenografía para que jueguen a tu favor. Si no puedes trasladarte al lugar antes, es interesante recabar información. Una vez asesoré a un cliente de Madrid que daba una conferencia en el Guildhall, un edificio imponente, de arquitectura gótica, muy prestigioso, ubicado en el centro de Londres. Mi cliente llegaría a la City la noche previa al evento. La conferencia era de alto nivel y no nos la podíamos jugar, así que semanas antes pedí planos y fotos del espacio, solicité también medidas del escenario, número de asientos, distancia del estrado a la primera fila, número aproximado de asistentes, acceso al escenario, distribución de los pasillos, mesas para el agua, pantalla y reloj de control en el suelo del escenario, tipo de iluminación, tipo de micrófono... ¡todo!

Los ingleses acabaron hartos de mí. Cuando tuve la información reconstruí un espacio lo más parecido posible para ensayar en el auditorio de su empresa. El objetivo era que mi cliente se sintiera cómodo y el espacio no lo intimidara, que supiera cómo moverse, por dónde acceder, dónde colocar el agua para hidratarse, qué tipo de micrófono le colocarían..., que todo le resultara familiar para sentirse a gusto.

No siempre se tienen los medios para reproducir el espacio en el que se dará esa charla. Pero podemos pedir que nos manden una foto o un plano del lugar. Esa información nos servirá para **visualizar** la escena. Si puedes visualizarte en ese espacio, te familiarizas con él, y cuando lo pises por primera vez, la impresión será menor, tu cerebro y tu corazón ya habrán procesado el tamaño, el número de asientos, la distancia del estrado a platea..., todos esos elementos que podrían afectarte. Vale la pena recabar información antes de visitar el escenario físicamente.

Hay en especial tres elementos escénicos que necesitas conocer con antelación:

1. El **aforo de la sala** debe ajustarse al número de asistentes al evento. Si das tu charla en un espacio de mil butacas, pero sabes de antemano que habrá como mucho quinientos asistentes, te aconsejo limitar los asientos disponibles, por ejemplo, poniendo un cartelito sobre las sillas o un cordel al inicio de la fila. Si no lo haces, el público siempre tenderá a sentarse en las últimas filas, y a ti como actor te interesa tenerlos cuanto más cerca mejor.

2. El **decorado del espacio**. Como he comentado ya, ayudé a Marc Gasol, gran exjugador de baloncesto, a mejorar como comunicador. En una ocasión preparamos una

charla-debate en unas jornadas deportivas. Pedí al organizador que me mandara fotos del escenario. Se trataba de un gran estrado con tres butacas de piel blanca en el centro, elegantes, estilosas... pero bajas, muy bajas, con amplios reposabrazos pero estrechas: el ancho del asiento era muy justo y las piernas del jugador hubieran quedado demasiado encogidas... Así que pregunté si podían cambiarlo por taburetes altos, que permitieran a Marc sentarse de forma más fácil. Nos lo concedieron y lo agradecí, porque él no hubiera estado cómodo en la butaca y eso habría afectado a su disfrute como ponente.

3. Las **medidas del escenario.** No es lo mismo hablar en un espacio de seis metros cuadrados que en uno de veintiséis. Los grandes escenarios pueden impresionar al ponente, por lo que es necesario que se habitúe a estar, simplemente a estar, en un lugar amplio. Aconsejo visitar la sala días antes si es posible, o como mínimo la noche anterior, y subirse a las tablas para acostumbrarse. También hay que tomar decisiones: ¿me moveré o me quedaré quieto? Si el espacio impone y el discurso no es muy largo, siempre se puede optar por el atril. Yo no soy muy partidaria, pues al final no es más que un objeto tras el que ocultarse y que limita la movilidad, pero si proporciona seguridad al ponente, es una buena decisión utilizarlo.

La importancia de una silla

Cualquier elemento del decorado puede tornarse transcendente en el proceso de conexión entre dos o más personas. El escenógrafo lo sabe bien, por eso dedica tanto tiempo a escoger el mobiliario adecuado en cada pieza teatral. Cuando produjimos la obra *Algo más inesperado que la muerte*, de Elvira Lindo, necesitábamos dos sofás para representar sendos apartamentos, el de la escritora de éxito y el de la empleada del hogar que limpia su casa. El sofá era la pieza central en cada espacio, el elemento que de forma muy directa iba a dar la información al auditorio sobre quién vivía ahí, qué tipo de persona, en qué clase social, nivel cultural y económico se enmarcaba. Solo un objeto debía proporcionar un montón de información, así que no era una pieza baladí. Vimos muchos tresillos y al final nos decidimos por uno muy moderno, de líneas rectas, blanco, para la autora, y uno tapizado en tonos rojos, con flores grandes, con orejeras y muchos cojines con flecos para la empleada. Acordamos que los tejidos también debían respirar el concepto que perseguíamos, aunque el público no iba a poder sentarse ni tocarlos, pero los actores sí, y los ayudaría a sentirse de una determinada forma.

En política hay muchos ejemplos de elementos de decoración que han sido determinantes en la comunicación. El famoso «Sofagate», incidente diplomático ocurrido en Ankara ante la visita de los dirigentes Charles Michel y Ursula von der Leyen, presidentes del Consejo Europeo y la Comisión Europea, respectivamente. Las autoridades turcas solo prepararon para el primero un sillón al nivel de su presidente, Recep Tayyip Erdoğan, relegando a la segunda a un sofá. El gesto tuvo múltiples niveles de lectura, desde el inaceptable aroma machista que se desprendía hasta la falta de reacción de Michel —quien se sentó en el sillón que se le asignó sin más—, y generó un aluvión de críticas, así como un incidente diplomático entre la UE y Turquía.

En una ocasión, un amigo me llamó preocupado. Se casaba su hijo y no estaba conforme con la celebración que planteaba. El hijo y la futura nuera deseaban ofrecer algo sencillo, sin grandes formalidades, un picoteo de pie, pues querían evitar esos grandes banquetes larguísimos en los que la gente acaba harta de estar sentada y, al mismo tiempo, preferían dar más oportunidades a los invitados de conocerse entre ellos. Sus objetivos parecían razonables, el hecho de celebrar la comida de pie favorecería el que la gente se moviera y charlase. Sin embargo, a mi amigo le preocupaba la ausencia de sillas en el evento. Me reprodujo la conversación con su hijo:

—Habrá gente mayor, los abuelos, los tíos abuelos y también nuestros amigos. Tienen que estar cómodos. A una cierta edad cuando llevas un rato de pie necesitas sentarte.

—Papá, habrá mesas de apoyo y algunas sillas.

—¿Algunas? ¿Cuántas? La cantidad es importante, no quiero que se peleen por encontrar un asiento, ni que tengan que aislarse para hacerlo. Si no están cómodos, no van a comer bien, no apreciarán el banquete.

Mi amigo hizo hincapié en el número de sillas y la disposición, pues de eso dependía el confort de una parte de los invitados. No era un tema superfluo. Al final decidieron montar varias mesas decoradas para que quien quisiera estuviera sentado durante toda la celebración.

No subestimes el poder de una silla. Antes de cualquier reunión o de una cena en tu casa, piensa cuánta gente se sentará, dónde y por qué, analiza qué vista de tu salón o de tus ventanales tendrán, cómo podrán interactuar con los demás —si alguien tiene sordera deberás estar atento a la acústica—, quién deseas que esté más cerca de la cocina —porque te va a ayudar a recoger la mesa, por ejemplo— o de la terraza —ya que fuma y deseas facilitarle el acceso—, si necesitan cojines para la espalda, si la corriente de aire les molesta... Pensar antes en tus invitados, disponer todo para que estén a gusto, también las sillas, es la mejor señal de generosidad que puedes ofrecerles.

Las diapositivas son decorado

Las diapositivas merecen un punto y aparte. Es una herramienta casi imprescindible en las presentaciones de empresa y, aunque son de gran utilidad, en ocasiones cobran un protagonismo exagerado. Deberían ser solo parte del decorado, un refuerzo a lo que se está diciendo y, por tanto, no contener demasiada información, puesto que si la diapositiva está llena de datos y conceptos, la audiencia tenderá a leerla y no mirará al ponente. Dado que las personas no pueden ojear y escuchar al mismo tiempo, ¿por qué la mayoría de las diapositivas contiene muchas más palabras que imágenes? Cabe preguntarse, ¿qué es más importante, el orador o su decorado? Nos parecería extraño que en una obra de teatro el público concentrara su atención en la escenografía en vez de hacerlo en la actriz que interpreta a la protagonista. Sin embargo, cuando presentamos diapositivas cargadas de números, eso es precisamente lo que provocamos en nuestro auditorio. ¡Le damos razones para que no nos miren! En este sentido aconsejo:

- Una idea por diapositiva, esa idea fundamental que responde en cada caso a la pregunta: si tu audiencia pudiera recordar solo una cosa, ¿cuál debería ser?
- Máximo cuatro líneas por diapositiva.
- No poner la frase entera, solo las palabras clave, evitar artículos, preposiciones, conjunciones...

- Si es imprescindible proporcionar una gran cantidad de datos, mejor no incluirlos en la diapositiva, entrégalos en papel en el momento de la conferencia que consideres adecuado.
- Acompañar con imágenes que ilustren el concepto. Las imágenes se recuerdan mejor que las palabras.

El título de este apartado, «Las diapositivas son decorado», hace referencia a que estas no pueden convertirse en nuestro apoyo ante un despiste en el texto. No podemos confiarnos, debemos conocer el discurso de tal forma que si el proyector se estropea, podamos hacer la presentación sin apoyo visual.

Y también hay que recordar la regla de oro: se tarda de media dos minutos en explicar una diapositiva, así que el número de imágenes que mostremos debe ser la mitad de los minutos que nos conceden.

No soy experta en diseño, así que solo compartiré una norma básica por la que me rijo: **menos es más.** Intento siempre buscar la sencillez, ir a lo esencial. El experto en diseño gráfico Garr Reynolds habla de «la simplicidad que no surge de la pereza o de la ignorancia, sino del deseo inteligente de claridad que hace que nos limitemos a la esencia de una cuestión».[22] Esa es la idea. Como dijo Einstein: «Hay que hacer todo lo más simple posible, pero no más simple que eso». Tender a pocos colores, poca aglomeración, diagramas sencillos, no enfatizar líneas, logos, formas... En general, todo lo que pueda quitarse sin comprometer el mensaje debe eliminarse. Cuanto más sencillo sea el diseño, mejor.

---

22. Garr Reynolds, *Presentation zen*, Pearson Prentice Hall, 2010.

Me permito un pequeño inciso, pues es una batalla que tengo con frecuencia con mis clientes: ¿es necesario colocar el logotipo de mi empresa en cada diapositiva? Mi respuesta es un no rotundo, no sirve de nada, no venderemos más o seremos más conocidos por ponerlo; el logo en una diapositiva ya cargada de información relevante solo estorba, ensucia. Reynolds tiene un argumento demoledor al respecto: «Las personas no comenzamos cada nueva frase de una conversación volviendo a decir nuestro nombre, ¿por qué entonces tendríamos que bombardear a la gente con el logotipo de nuestra empresa en cada diapositiva?». ¡Más claro, agua!

Quien da una charla es el actor principal de esa función y, por tanto, debe ser el centro de esta. Las diapositivas simplemente acompañarán el discurso. Al final, una presentación es una conversación con la audiencia, las diapositivas que mostremos deben contribuir a que esa conversación sea fluida, sincera, inspiradora.

EL APUNTADOR

- Antes de hablar en público necesitamos relajarnos y concentrarnos a través de la respiración abdominal profunda.

- Si te importa, prepárate. Ensaya para después ser capaz de improvisar ante los imprevistos.

- Todos somos contadores de historias. Nadie recordará las cifras, sí las historias detrás de esas cifras.

- Las palabras son cruciales en comunicación. Elige un lenguaje positivo y preciso si deseas que te comprendan y conectar.

- Ensaya tu discurso en voz alta y cronometrándote, presta atención a las muletillas, la precisión del lenguaje y las diferentes intenciones que quieres dar a tus palabras.

- Ensaya ante un espejo para aprender a conocerte visualmente y asegurarte de que existe coherencia entre tu lenguaje no verbal y tu mensaje. Presta especial atención a conectar con tu público a través de la mirada.

- Las pausas también deben prepararse, bien posicionadas enriquecen el mensaje.

- La voz es el reflejo de tu personalidad. Cuídala y modúlala para que enriquezca tu comunicación.

- Los espacios hablan. La escenografía debe ser coherente con el mensaje, adáptala.

- Las diapositivas son decorado. Usa diseños sencillos, incluye imágenes que te ayuden a contar tu historia.

ACTO III

¡A ESCENA!

¿POR QUÉ SUFRIMOS MIEDO ESCÉNICO?

Mucha gente lo pasa mal cuando tiene que hablar ante un auditorio. No me refiero solo a los que presentan durante una hora ante quinientas personas en un amplio escenario. Sino a todo aquel que, por ejemplo, ante la mera perspectiva de que en un club de lectura con ocho participantes le pregunten su opinión sobre el libro que acaba de leer, entra en pánico.

Mi amiga Emma es una persona muy expresiva y ocurrente en una conversación de tú a tú, pero en una cena de cuatro parejas se paraliza si debe intervenir, se siente pequeña, cree que su opinión no va a aportar nada y deja pasar oportunidades de compartir su ingenio y anécdotas. Por mi profesión, conozco a muchas personas con este miedo. Carla, directora de *marketing* de una multinacional sueca, me contó que mientras presentaba sentía que todo el mundo la «miraba más» que cuando otros compañeros lo hacían. Y eso la llenaba de inseguridad, pues no podía dejar de preguntarse: «¿Por qué a mí? ¿Por qué me miran más?». Javier, abogado de un bufete estadounidense, fue promocionado a socio de la entidad. Había sido un buen comunicador mientras fue director, pero al ascender empezó a sentir que los otros socios lo observaban, y estaba convencido de que lo «vigilaban» y criticaban por ser el de menor edad.

Todas estas situaciones generan sufrimiento, y se nos antojan injustas *a priori* y absurdas vistas desde fuera. ¿Por qué Emma, Carla y Javier, ante la perspectiva de hablar ante un público, se bloquean y tienen pensamientos tan negativos sobre ellos mismos? La mente puede ser nuestro mejor aliado o nuestro peor enemigo. Nos hace ver cosas que no son, nos lleva a mundos oscuros y nos convence de que cuando hablemos algo saldrá mal, y de que quienes escuchan están en nuestra contra, atentos a si erramos, dispuestos a señalarnos si olvidamos algo. Llevo más de veinte años enseñando oratoria; aún no me he cruzado a una persona entre el público que desee lastimar a propósito a quien expone. Nada de eso tiene una base real, sin embargo, quien lo experimenta está atrapado en un bucle de negatividad, es víctima de su mente. Es hora de decir basta al sufrimiento, a la angustia, al vértigo del auditorio. ¿Por qué padecer cuando podemos pasarlo bien? Vamos a ver cómo, en dos frentes: entendiendo la hiperautoconciencia y preparándonos para disminuirla.

La hiperautoconciencia

¿Por qué Emma, Carla y Javier sufren antes de comunicar? Porque experimentan una autoconciencia exagerada. Es un fenómeno frecuente, el orador frente a un público vuelve su atención hacia él mismo. Podríamos decir que se **mira desde fuera** —evalúa cada gesto, palabra y silencio— y esto le genera:

- Autojuicio: cualquier mínimo fallo lo amplifica.
- Distorsión perceptiva: cree que el público ve sus errores como gigantes.

Esta hiperautoconciencia activa el sistema de alerta como si estuviera en peligro real. Quien lo experimenta siente que «lo miran mal» y debido al estrés convierte al público en un **espejo distorsionado**. Hay varios fenómenos en juego:

- Sesgo de negatividad: detecta antes una cara seria que una amable, y ante una persona distraída ve reprobación, no un gesto neutro.
- Lectura errónea de las señales sociales: interpreta el silencio como desaprobación, si alguien no sonríe, lo vive como rechazo, y si no hay retroalimentación inmediata, siente «vacío».
- Proyección: lo que teme internamente («No soy suficiente», «Me voy a trabar») lo proyecta en las miradas del público.

En realidad, **no es el público quien nos juzga, somos nosotros mismos** desde dentro. Todo está en nuestra mente. Nuestra hija Laura es una persona de una gran capacidad intelectual, especialmente en los ámbitos del análisis y la lingüística. Tiene facilidad para aprender idiomas, talento para analizar textos complejos y construir discursos, y argumenta con lógica y persuasión. Es también muy autoexigente con su trabajo y se juzga a sí misma con severidad. Este año recibió la primera evaluación de su jefe con frases como «Eres un gran pilar de esta empresa», «Sin ti este año no hubiéramos avanzado de la misma forma», «Tu capacidad de análisis, comprensión y seguimiento del cliente es extraordinaria». Gracias a esas declaraciones ha entendido que sus autojuicios no se correspondían con la realidad. ¿Cuántos lectores se identifican con esta anécdota? ¿Cuántos se juzgan con excesiva dureza?

¿Es necesario esperar a que un jefe te evalúe positivamente para despertar? Cada orador debería ser capaz de verse desde fuera con cariño, sin dureza. Para ello es necesario trabajar la **autopercepción**. Hablar, expresar tus opiniones, compartir tus experiencias, es una oportunidad que te da la vida. Todo el que pasa por ese trance debería disfrutarlo, ejercitar su derecho a comunicar desde la ilusión y el placer. Aquí van unas pautas sencillas para que quienes se angustian antes de hablar dejen de hacerlo.

La relajación y la concentración

Durante el día acumulamos muchas tensiones, por el trabajo, por las responsabilidades, por la interacción con otros, por las malas noticias, por lo llena que está nuestra agenda, por el tráfico en la ciudad, por los ruidos, por la polución... A veces vamos tan estresados que «estar en tensión» es nuestra forma natural de existir, no nos damos cuenta siquiera de esa rigidez permanente.

Cuando nos ponemos frente a un auditorio, esa tensión ya existente se exacerba. Hablar ante un público no es un acto natural, es lógico ponerse nervioso. La voz te tiembla, el pulso se acelera, las manos te sudan... Todos esos signos de ansiedad son frecuentes. Es el llamado **miedo escénico**. Puede surgir mucho antes de exponernos a un auditorio, incluso días antes, y prolongarse mientras estemos hablando en público. Para muchos comunicadores esa ansiedad proviene del hecho de exponerse en sí, y también ante la posibilidad de que quienes escuchan se percaten de esos signos de ansiedad, es decir, tienen miedo al miedo escénico. Escucho con frecuencia frases como «Me voy a quedar en blanco», «Seguro que me dejo algo importante», «Van a notar que me pongo rojo», «No puedo parar de moverme, me entra el baile del San Vito».[23] Esas vocecitas interiores negativas minan nuestra confianza. Como hemos visto, son ideas que producimos nosotros, son fruto de nuestra imaginación y nuestra mente, y pueden ser muy dañinas.

Antes de hablar se impone, pues, buscar la calma. Lo primero debería ser cuidar tu instrumento, esto es, tu cuerpo y tu voz. Los actores suelen decir «mi cuerpo es mi templo». Veamos el ejemplo de cuando participé en la última campaña a la presidencia del FC Barcelona como asesora de comunicación de uno de los candidatos, Víctor Font. La campaña fue dura: meses de exposición mediática, debates y más debates, en radio y televisión, frente a los otros candidatos, y charlas para explicar su programa, tanto en entrevistas como frente a las peñas barcelonistas. Las elecciones eran un domingo y el viernes anterior Víctor tenía el debate definitivo en TV3, la última oportunidad de comunicarse con los posibles votantes.

---

23. La coreomanía, enfermedad del baile o, popularmente, «baile de San Vito» fue un fenómeno social que se produjo en los países centroeuropeos entre los siglos XIV y XVII. Se trataba de grupos de personas que bailaban hasta que se derrumbaban de agotamiento. No supuso un hecho aislado y estuvo bien documentado por sus contemporáneos. Fue, sin embargo, poco estudiado seriamente y los diagnósticos se basan en conjeturas, no hay consenso hoy en día en cuanto a la causa de la manía de bailar. Algunas teorías hablan de cultos religiosos con procesiones de gente bailando; otras, de una enfermedad psicógena masiva en la que la aparición de síntomas físicos similares, sin causa conocida, afecta a un gran grupo de personas como una forma de influencia social.

El debate era largo, casi dos horas, coronado por el minuto de oro, en el que cada candidato, en un primer plano mirando a cámara, resumía su campaña en sesenta segundos e intentaba conectar al máximo con los indecisos. El día anterior estuvimos ensayando, y la mañana de ese viernes también. Comimos juntos en la sede de su campaña, o noté cansado, le dije: «Víctor vete a casa, haz la siesta, relájate, te lo sabes bien, no necesitas repasar más, solo llegar con energía al plató».

No me hizo caso, quiso seguir ensayando posibles preguntas. Así que llegó a la cadena agotado. Contestó bien a las cuestiones del moderador —Víctor es rápido y listo, e iba muy preparado—, pero le faltó soltura. Creo fue de los días que estuvo más tenso, miró de soslayo la cámara, y en el minuto de oro dijo bien su discurso, sin titubeos, pero faltó ese plus de entusiasmo para sonar natural, distendido. Algo que su oponente, Joan Laporta, aunque técnicamente peor preparado, domina a la perfección. No subestimes cuidar tu cuerpo y tu voz: son el vehículo por el que expresas tus pensamientos y sentimientos. En ese sentido, es aconsejable, la noche anterior a una actuación que nos importe, seguir unas sencillas pautas para **cuidar nuestro cuerpo**:

- Cenar ligero, sin azúcares, alcohol ni cafeína.
- No hacer nada que agite excesivamente, limitar los dispositivos electrónicos (es preferible leer un libro o escuchar música relajante).
- Dormir lo suficiente, no trasnochar.

Son prácticas que pueden iniciarse ya desde pequeños. Porque si estas normas las aplica el colegial ante la perspectiva de un examen oral, y se habitúa a ellas, las encontrará reconfortantes y muy útiles después cuando presente ante públicos más amplios.

En realidad, la actuación empieza mucho antes de que el telón se abra. Los actores llegan mínimo dos horas antes al teatro. Saben que entre el no actuar y el actuar debe haber una separación. Sería impensable que un actor pasara de ser José López, padre de familia, casado con dos hijos, a transformarse en Don Juan Tenorio en cuestión de segundos. Necesita llegar al teatro con tiempo suficiente para desprenderse de todo lo que su mente y su corazón albergan y que le impide conectar con el personaje de Zorrilla. José López deberá primero relajarse, vaciarse de las tensiones acumuladas durante el día, de las preocupaciones, de todas las «mochilas» que lleva en su día a día y que no le sirven para transformarse en el Tenorio. Y una vez vaciada la carga, abrirse a la concentración para buscar la conexión con el personaje. A ese proceso de relajación y concentración, lo llamamos **«cruzar el puente»**.

Los no-actores no acostumbran a cruzar el puente. Pasan de no actuar a actuar en décimas de segundo. De estar sentados en su despacho a recibir al cliente, o entrevistar a un candidato, o reunirse con su equipo en la sala de juntas sin que medie una mínima pausa. Y quieren hacerlo bien. Lo que pretenden es muy difícil.

Hay que cruzar el puente, no me canso de repetirlo a mis alumnos. Antes de cualquier reunión, presentación o entrevista, debemos tomarnos cinco minutos, tan solo cinco minutos para intentar rebajar la tensión acumulada durante el día, limpiar la mente y el corazón de todo lo que nos ha afectado hasta ese momento, y de todo lo que no necesitamos para estar aquí y ahora. Así encontraremos la concentración para entregarnos enteramente en ese próximo acto comunicativo.

Y ¿cómo lo haremos? A través de **la respiración abdominal profunda**. Siguiendo estos sencillos pasos:

1. Siéntate en una silla con la espalda derecha. Apóyate en el respaldo cómodamente. También puedes hacerlo acostado. Asegúrate de que no hay tensión en el cuello ni en el rostro.
2. Mantén las piernas en paralelo, sin cruzarlas, con ambos pies tocando el suelo y la espalda erguida. Coloca las manos sobre el abdomen.
3. Inspira de forma lenta y profunda por la nariz. Con la inhalación, llena de aire el abdomen, inflándolo como un globo.
4. Expira larga y lentamente por la boca. Nota cómo el abdomen se desinfla.
5. Repite este ejercicio al menos tres veces, hasta que percibas que la tensión baja y la concentración aflora.
6. Este paso es opcional, pues no siempre será posible, aunque es muy recomendable: añade a la respiración una **música relajante**. Los ritmos suaves pueden desacelerar el pulso y disminuir la presión sanguínea, promoviendo una sensación de calma. Si además escoges un tema que te guste, liberarás endorfinas, lo cual te generará bienestar y ayudará a una mayor relajación.

Esta sencilla práctica podemos hacerla siempre que sintamos ansiedad, nerviosismo o estrés, ante una presentación en público u otras causas (el estudiante antes de un examen importante, el deportista frente a un partido decisivo, la pareja joven la noche antes de firmar la hipoteca de su primer piso, etc.).

O como en el caso anterior, un debate en televisión. Víctor Font es un gran profesional de la consultoría estratégica y preparó perfectamente su candidatura a la presidencia del FC Barcelona a nivel económico y deportivo durante cinco años. Su propuesta era sólida y bien argumentada. Víctor es un hombre serio. Eso en sí no es algo malo, incluso puede ser una virtud en el entorno del que proviene. Pero para presentarse a unas elecciones de un equipo deportivo no ayuda. Trabajé con él la respiración abdominal profunda para relajar tensiones, especialmente del rostro, para conseguir dulcificarlo y que asomara la alegría. Cuando la sonrisa afloraba, todo fluía mejor y la conexión con sus audiencias era más genuina.

Para hacer más efectiva esta práctica de relajación, la podemos enriquecer con una herramienta poderosa, **la visualización**, que acompañará a la respiración así:

1. Primero debemos limpiarnos, así que respiraremos poniendo el foco en la exhalación. Pensaremos que el aire que exhalamos es aire sucio, y se lleva al salir todos los malos pensamientos y sentimientos, las dudas o miedos, o simplemente aquellas sensaciones que no nos ayudan, que no necesitamos en ese momento y ese lugar para conectar con nuestro auditorio (los estadounidenses las llaman «the inner critics», los «críticos interiores»).

2. Una vez que hayamos limpiado lo negativo, nos prepararemos para recibir lo positivo. Respiraremos poniendo el foco en la inhalación. Imaginaremos que el aire que inhalamos es aire blanco, aire que nos limpia por dentro e introduce sentimientos positivos en nuestro ser. Son los llamados mantras, que repetiremos para conectar con nuestra positividad, motivación y ganas de comunicar (los estadounidenses los

llaman «the inner coaches», los «entrenadores interiores»). También en esta segunda parte seguiremos expirando lo negativo para asegurarnos de que no queda ni un resquicio de esas vocecitas dañinas.

Cada persona tiene su listado de «vocecitas negativas y positivas». Lo que para uno es fundamental, «van a notar que sudo», a otro no le afecta; sin embargo, siente que «la garganta se me seca y me arde». Te recomiendo confeccionar tu propia lista: lo ideal es que para cada voz crítica encuentres un mantra que la contrarrestare y que sea cierto para ti. Por ejemplo:

Voz crítica	Mantra
Se me secará la garganta y no podré hablar.	Tengo agua, puedo hidratarme, mi voz está en perfecto estado.
Me voy a quedar en blanco.	Llevo semanas preparándolo y me lo sé bien.
No les va a interesar lo que cuento.	Mi tema es interesante y va a aportar valor añadido.

Cada voz positiva debe intentar paliar el efecto que la voz negativa desea producir en mí. Debemos ponernos firmes frente a las voces adversas, que no nos ganen terreno, exhalémoslas e inhalemos todo lo maravilloso de comunicar, un don que el resto de los animales no tienen.

El periodista Pedro Piqueras explica en sus memorias que en sus inicios como director-presentador del *Telediario* en RTVE sufría ataques de pánico antes de entrar a grabar. [24]

---

24. Pedro Piqueras, *Cuando ya nada es urgente. Llegar, estar y saber irse*, Harper Collins, 2025.

Para solventarlo, se sometió a terapia con una psicóloga, le recomendó que antes de empezar el informativo repitiera consignas amistosas. Y él anotaba, en el primer folio que debía leer, frases como «Me quiero y me valoro» o «Esto va a salir de puta madre», y así lograba domesticar la angustia.

La adrenalina

Relajación y concentración no son lo mismo, pero se trata de dos fenómenos psicofísicos que van muy unidos. Y constituyen la antesala del momento de la verdad, la actuación.

Ya seas la anfitriona que ofrece una cena a sus amigos para explicarles un cambio vital, el entrenador que charla con su equipo de baloncesto tras el partido o el directivo que da una conferencia ante quinientos empleados, no nos expresamos de igual modo cuando simplemente improvisamos respecto a cuando tenemos una intención concreta. ¿Por qué?

1. Porque perseguimos un objetivo determinado, sea el que sea, desde convencer al equipo de ventas para que coloquen el nuevo producto hasta entusiasmar a mi familia ante mi nuevo proyecto de vida o motivar al equipo de baloncesto para que entrene más duro y gane la liga.
2. Porque tomamos conciencia de que nos escuchan y nuestras palabras van a tener un efecto en el otro, es decir, de que hablamos ante un grupo de espectadores.

Saber que tenemos un objetivo y alguien va a escucharnos nos pone en alerta, y aparece la compañera más habitual de la oratoria, **la adrenalina.**

La adrenalina tiene dos caras, una negativa y otra positiva. Por un lado, produce tensión. Hemos hablado de la importancia de **relajarse** a través de la respiración abdominal. Ante la perspectiva de exponerte ante un auditorio, la adrenalina sube y se manifiesta de múltiples formas: tu corazón bombea más rápido, te sudan las manos, se te hace un nudo en el estómago, se acelera el ritmo de tus palabras... Todas estas sensaciones no son agradables, y durante el ensayo debemos aprender a controlarlas, conseguir que disminuyan o incluso desaparezcan a través de la respiración.

Sin embargo, la adrenalina tiene otra función. Es una hormona y también es un neurotransmisor que pone tu cuerpo en estado de alerta. Gracias a ella, el ponente está más despierto, más atento, y es más rápido mentalmente. Es decir, **se concentra**. Esa es la segunda parte, tan necesaria para aumentar la presencia escénica. Por eso quien acude a fármacos u otros remedios para tranquilizarse ante una presentación debe hacerlo con cautela. Es bueno estar relajado para que las emociones no se desborden y podamos controlarlas, pero no hasta el punto de que nada nos afecte. La adrenalina es energía pura lista para ser canalizada. Da ese plus de intensidad, brillo en los ojos, fuerza en la voz. Bien utilizada, nos conecta con el público con más magnetismo.

Los actores, por muchos años que lleven en la profesión, se ponen nerviosos antes de salir a escena. Una actriz de nuestra compañía me confesó: «El día en que deje de sentir miedo escénico querrá decir que ya no me importa esta profesión». La adrenalina es necesaria, sin ella hablaríamos sin sentir nada, y el público lo notaría. La adrenalina le da verdad a lo que dices, le pone corazón. Te vuelve más auténtico y más humano.

Es necesario aclarar que la concentración que surge de la «adrenalina controlada» no debe estar focalizada en uno mismo. O no solo en uno mismo. Cuando empecé a actuar, yo creía que estar concentrada era poner el foco en mí como actriz (mi cuerpo, mis sensaciones, mis emociones, mi texto, mis movimientos en escena). Pronto aprendí que interpretar no era eso, o no solo eso. El proceso de concentración es doble, y la actriz talentosa no puede pensar que ella es el único centro de interés de la escena. La concentración debe girar también en torno a todo lo que hay alrededor. Cuando produje la obra *El tràmit*, una noche el actor Àlex Casanovas me dio una lección de interpretación. En un momento dado, ante un gesto suyo, unas luces de colores se encendían con un mando ficticio, activadas en realidad por el técnico de luces al fondo de la sala. Esa noche falló la conexión y las luces no iluminaron. Àlex estaba atento a su texto —que debió cambiar rápidamente—, a la réplica del otro actor —quien también se sobrepuso al cambio en décimas de segundo—, y a sustituir ese efecto en escena por otra explicación (esas luces indicaban que se abrían unas supuestas compuertas).

—¿Cómo pudiste hacer tantos cambios en pocos segundos? —le dije fascinada.

—Porque estoy totalmente concentrado, y eso implica estar pendiente de mí y de todo lo que pasa a mi alrededor.

Gran aprendizaje. La concentración tiene dos polos, uno interno y otro externo. Ambos son fundamentales para ser buen orador y necesarios para que la función sea un éxito. El presentador que se centra en exceso en sí mismo, y se aísla de lo que pasa con el público y la escenografía, no es capaz de reaccionar ante los imprevistos. Y como hemos visto, estos ocurren. Continuamente. Estar presente en escena significa estar atento a lo que sucede en mí y a lo que pasa a mi alrededor en el preciso momento en el que está ocurriendo, ni después ni antes. Eso es estar **aquí y ahora**.

Vamos a ver cómo canalizar la adrenalina para que nos ayude de forma positiva en nuestro proceso de concentración.

Los minutos antes

Los minutos justo antes de salir ante un público son oro puro. Los actores suelen retirarse a su camerino y estar en silencio, no es momento para hablar con otros. Es un lapso mágico que todo lector que desee conectar debería convertir en un ritual y respetarlo. Voy a dar una lista de claves prácticas para gestionar ese breve pero poderoso momento.

Dos minutos antes, evita lo siguiente...

1. No te pongas a repasar todo el texto frenéticamente. Revisar palabra por palabra en el último momento solo aumenta la ansiedad. Si no te lo sabes ya, no lo vas a memorizar en dos minutos. Y si te lo sabes, no necesitas repasarlo justo antes.

2. No mires el móvil. Chequear mensajes, redes o notificaciones te desconecta por completo del momento. Te lleva mentalmente a otro lugar justo cuando más necesitas estar presente.

3. No hables contigo mismo de forma negativa. Nada de «Me voy a trabar», «Esto va a salir mal», «No soy bueno para esto». Como ya hemos dicho, si te acuden estos pensamientos, aléjalos de ti a través de la exhalación.

Dos minutos antes, haz lo siguiente...

1. Respira profundo y lento. Haz tres o cuatro respiraciones diafragmáticas: inhala por la nariz contando hasta cuatro, retén dos, exhala por la boca contando hasta seis. Insisto, la respiración baja la ansiedad y te ancla al presente.

2. Aprovecha la respiración para inspirar todo lo positivo. La forma en que te hablas justo antes de subir moldea tu energía. Sé amable contigo. Inhala mantras que te hagan sentir bien, que te infundan confianza y deseos de expresarte.

3. Conecta con tu cuerpo. Presentar ante un público es una **actividad profundamente física**. Debes distender tu cuerpo y prepararlo para la acción. Afloja los hombros, sacude un poco las manos, haz algún estiramiento, rueda el cuello suavemente. Toma conciencia de tu postura: evita quedarte encorvado o moverte compulsivamente, planta bien los pies en el suelo, siente el peso de tu cuerpo, tu presencia tranquila, tu postura abierta. Estás aquí.

4. Calienta la voz: bosteza, estira, hidrata. Haz un par de bostezos, realiza una leve gimnasia facial moviendo la boca y el rostro, bebe unos sorbos de agua.

5. Recuerda tu propósito, no tu guion. Responde: ¿por qué quiero compartir esto? Piensa en **ellos**, en lo que quieren escuchar, en lo que tú puedes ofrecerles. Inspíralo. Eso te centra más que repasar frases de memoria. La gente conectará con tu intención, no con tu perfección.

6. Visualiza la primera escena. Imagina los primeros segundos: tú entrando, saludando, conectando la mirada con alguien del público, empezando con calma. Esto entrena al cuerpo a vivirlo como algo ya conocido.

Estas listo para actuar. Cuando subas al escenario o tomes la palabra, **no empieces a hablar de inmediato**. Llega, respira, mira al público. Sostén ese pequeño silencio. Es tu forma de decir: «Estoy aquí, y vosotros también». Y desde ahí, empieza.

Las percepciones negativas

La respiración profunda para inhalar sentimientos positivos y la visualización son dos técnicas poderosísimas que pueden modificar tu mente y tu conducta. En ocasiones he tenido clientes que entraban en la presentación con una actitud de calma y confianza, y conforme el acto avanzaba la iban perdiendo porque la mirada del otro les seguía haciendo mella, y volvía la hiperautoconciencia, que los invadía y no podían liberarse de ella. En estos casos, dos ejercicios de **reencuadre mental**. Son los siguientes:

1. Ejercicio por parejas para **identificar la percepción** de la mirada del público. Le planteo al cliente sentarnos frente a frente (el lector puede pedirle a un amigo que haga las veces de *coach*):
   - Le pido al cliente que hable durante dos minutos de un tema que domine. Mientras yo lo miro fijamente sin expresión.
   - Después, le pregunto qué ha imaginado que yo estaba pensando. Suele expresar sentimientos negativos.
   - Le explico que la mayoría del público no tiene pensamientos negativos mientras lo escucha, sino que están enfocados en el contenido o en su propio mundo.
   - Repetimos el ejercicio, pero esta vez le pido que imagine que mi mirada es de interés y curiosidad. ¡Su actitud

cambia por completo! Y entiende que todo, tanto la primera percepción como la segunda, las ha creado él.

2. Ejercicio para **cambiar la percepción** de la mirada del público. Le pido al cliente que en su próxima reunión observe cómo los demás miran a quienes hablan. Después lo comentamos. Suele ser muy revelador ver a otros mirar, nos damos cuenta de que **la mirada no siempre es evaluativa.**

Los nervios durante la «función»

Una de las preguntas que con más frecuencia me hacen es: «Aunque consiga relajarme antes de hablar gracias a la respiración profunda, ¿qué pasa si me vuelvo a poner nerviosa durante mi exposición?». ¡Gran pregunta! Ponerse nervioso durante una presentación es más común de lo que parece, porque por muy preparado que vayas pueden ocurrir imponderables que te alteren. Una clienta me explicó que, durante su presentación del plan de inversiones ante la empresa, cuando ya llevaba diez minutos hablando y todo iba bien, vio cómo al fondo de la sala aparecía el CEO de la compañía, que se suponía no iba a estar presente ese día. Esto la alteró por completo, empezó a pensar: «¿Por qué ha venido? ¿Será que no se fía de mí? ¿Por qué no me han advertido de su presencia? ¿Habrá querido tomarme desprevenida?». Todos estos pensamientos negativos la alteraron. A partir de ahí se trabó, perdió el hilo y su presentación no fluyó como hubiera podido. Es una lástima. Prepararse supone también asumir que puede haber imprevistos.

¿Qué podía haber hecho mi clienta? Aquí van algunos recursos para **recuperar la concentración y la calma** mientras estás en escena:

1. Vuelve a tu respiración. Haz una inhalación lenta y profunda —aunque sea breve—, y al exhalar, imagina que sueltas la tensión. Una sola respiración consciente puede resetearte. Y no te preocupes, el público no nota que lo estás haciendo.

2. Mira a alguien del público que te transmita serenidad. Busca un rostro amigable o alguien que te escuche con atención. Establecer contacto visual te saca de tus pensamientos negativos y te reengancha con la energía del momento.

3. Baja el ritmo. Cuando los nervios aparecen, solemos acelerar nuestras palabras. Así que intenta hablar un poco más lento, deja un pequeño silencio antes de continuar. Esa pausa te dará tiempo para recuperar la concentración.

4. Vuelve al mensaje, no al guion. Si te pierdes o te trabas, no intentes recordar cada palabra exacta. Enfócate en la idea central. Piensa: «¿Qué quería decir con esto?», y dilo con tus propias palabras. El público no sabe si has cambiado el orden o improvisado.

Cuando acudí a ver las presentaciones de los TFC (trabajo de fin de curso) del colegio de mis hijos, los alumnos estaban muy nerviosos. Es lógico, son jóvenes aún y es la primera vez que exponen ante un jurado; es una ocasión única, no hay posibilidad de repetición, y de ella depende en parte la nota final de sus estudios de bachillerato. Hubo dos alumnos que se quedaron en blanco y se excusaron, «Ay, me he perdido», dijo uno. Ese es otro aprendizaje interesante, no te disculpes nunca, no eches piedras en tu tejado. Los que te escuchan no conocen tu texto, solo tú sabes lo que viene después, así que no compartas con ellos tus dificultades. Si necesitas recuperar el hilo, solo haz una breve pausa. Respira, toma contacto visual y continúa. Los buenos oradores usan el silencio como un recurso. Tú también puedes.

Y un consejo más, **busca un anclaje**. Un estudiante de Derecho me contó cómo afrontó explicarle a su padre que había suspendido cuatro asignaturas en el primer cuatrimestre. Aunque respiró profundamente antes de abordar la conversación, temía volver a alterarse en cuanto viera la reacción en el rostro de su padre por los suspensos. Así que optó por tener una pequeña «ancla» de seguridad, que consistió en apretar el pulgar contra el índice. Cada vez que sentía que el nerviosismo le invadía, hacía ese gesto discretamente, sin que su progenitor lo percibiera, y conseguía bajar las pulsaciones. Todos los deportistas tienen un anclaje al que recurren en los momentos de tensión. Cuando nuestro hijo competía en circuitos de tenis, siempre colocaba una toalla detrás de él, y entre juego y juego volvía a ella para secarse la frente —tuviera o no sudor—; eso le permitía disminuir la tensión y recuperar la concentración. Es otro buen consejo: antes de hablar, elige una frase, imagen mental o gesto que te devuelva a tu eje. Cuando te sientas fuera de foco, úsalo como botón de reinicio.

LAS EMOCIONES A ESCENA

Sé tú mismo

Lo mejor que un intérprete tiene en escena es él mismo. El buen actor trabaja con su material, y a partir de ahí compone el personaje. Por eso decíamos al principio del libro que los buenos actores no mienten. Para el no-actor debería ser parecido, intentar siempre ser él mismo. Creo que es el mejor consejo que puedo ofrecer a cualquiera que desee disfrutar de su exposición y conectar con su auditorio. Sé tú mismo. El público valora, y mucho, la honestidad. Además, fingir es agotador, intentar impostar un carácter alejado de ti requiere de mucha energía y concentración, y te pueden acabar pillando. Es más sencillo mostrarte como eres. A la gente le encanta lo natural, lo auténtico, porque por desgracia no es tan frecuente.

Un jugador de un equipo de fútbol de segunda división me explicó que un buen día su entrenador, en vez de hablarle al equipo con sus propias palabras y estilo, como acostumbraba a hacer, empezó a repetir frases motivacionales que parecían sacadas de libros de autoayuda. Los jugadores, que lo conocían y sabían cómo se expresaba normalmente, percibieron que estaba forzando algo que no le salía de forma natural. En lugar de sentirse inspirados, se desconectaron porque notaron que ese mensaje no era realmente suyo. Al acabar el entreno, el capitán fue a hablar con el entrenador, quien le confesó que había recibido un curso *online* de motivación y creía que ese tipo de mensajes favorecerían al equipo. Pero el efecto fue el contrario. El equipo necesitaba autenticidad, aunque no utilizase frases espectaculares ni grandes discursos, sus palabras llegaban con más fuerza cuando los jugadores sentían que era él quien estaba hablando. Es importante que el comunicador, ya sea entrenador, profesora, madre o padre, transmita que cree realmente en lo que dice, y hable desde su experiencia, su carácter y su vínculo con el auditorio. La **naturalidad** y la **coherencia** del emisor con su mensaje generan una comunicación más efectiva, creíble y cercana.

Ahora bien, ¿es posible ser siempre uno mismo? ¿Qué pasa cuando un actor debe encarnar un personaje muy alejado de su personalidad? ¿O cuando interpreta diálogos con los que no se identifica, que le generan incluso repulsión o asco? ¿Cómo «ser honestos» en estas situaciones? Sería como pedirle a una médica que le asegure a un paciente que se va a curar cuando sabe que las probabilidades son bajas, o a un profesor que motive a su alumno a que se presente a una oposición aunque intuya que no está suficientemente preparado para aprobarla. ¿Qué deben hacer la médica y el profesor? ¿Mentir o decir la verdad? Dado que los oyentes agradecen la sinceridad ¿Notarán que mienten? Veámoslo a continuación.

Emoción y verdad

El trabajo de interpretación está directamente ligado a la vida. Escuelas de actuación tan reputadas como el Actor's Studio de Nueva York fundamentan sus teorías en que las emociones de un actor en escena deben ser tan reales como las que experimenta en la vida normal y cotidiana. Emoción y verdad se consideran vasos comunicantes. Pero, claro, el lector alegará: ¿es el teatro igual a la vida? Por mucho que se desee, el teatro no es real o nunca lo será tanto como la vida misma: desengañémonos, el teatro ofrece una **realidad fabricada**. Para llegar a esa realidad, que siendo ficticia produzca un sentido de autenticidad en el espectador, hay muchísimo trabajo detrás. Trabajo de búsqueda de sensaciones, de recuperación de sentimientos, para que la actriz que interpreta a Bernarda Alba se nutra de impresiones adquiridas en sus experiencias reales, y cuando se muestre rígida y autoritaria ante el deseo de libertad de su hija Adela, le creamos, sintamos que ella es de verdad rígida y autoritaria, que no lo finge.

Según el gran Stanislavski,[25] el actor debe ser capaz de recuperar algo vivido y trasladarlo a las condiciones de la escena, recurrir a su catálogo de recuerdos y sentimientos, y tomar de ahí lo que precisa para aplicarlo a esa actuación concreta. De manera que el intérprete debe buscar en su interior ese recuerdo, recuperar la emoción que se deriva y ser capaz de reproducirla. Eso es dificultoso de por sí. Si encima le añadimos que tanto el teatro como el cine y la televisión se basan en la repetición, entonces ya se vuelve muy complicado. Porque uno podría concentrarse muchísimo y entrar en un determinado estado anímico una vez, conseguir reproducir y sentir de nuevo esa sensación concreta en una ocasión. Pero ¿cómo repetirlo cada noche en la función de teatro, o en cada toma de una escena? ¿Cómo volverlo a hacer cada vez con la misma pasión, con la misma verdad? El problema de ese proceso es que la intensidad necesaria puede alterar la personalidad del actor. Por eso hay tantos que experimentan trastornos psicológicos y se ven afectados por los personajes que interpretan. Pedro Pascal, protagonista de la serie *The Last of Us* (Max) confesaba en una entrevista: «Me resulta muy difícil separarme de lo que está viviendo este personaje, algo que me pasa en todos mis trabajos. No es algo muy saludable».[26]

Otro gran dramaturgo, Jorge Eines,[27] resuelve este conflicto de modo sencillo. El actor debe hacerse dos preguntas fundamentales con relación a su interpretación: por qué y para qué. «Por qué» remite a uno mismo, a lo motivacional. «Para

---

25. Konstantín Stanislavski, pedagogo teatral ruso, (1863-1938), creador del método interpretativo Stanislavski.

26. *La Vanguardia*, 12 de abril de 2025, p. 37.

27. Jorge Eines, catedrático de interpretación argentino (1949), fundador y director de la Escuela de Teatro Jorge Eines en Madrid, y de la compañía Tejido Abierto.

qué» remite al otro, tiene que ver con aquello que el actor intenta modificar fuera de sí. Estas dos cuestiones constituyen el saber, lo que equivaldría para el no-actor a la preparación, el ensayo. A eso le suma el no saber, para abrirse a lo nuevo y no aburrirse cada noche. «Saber y no saber, esta es la cuestión del actor. Saber para no equivocarse, para no perderse en escena. No saber para no repetirse, para no mecanizar, para que el encuentro con el otro sea verdadero», dijo Eines.

Esta es la contradicción técnica que define y caracteriza el trabajo del actor. Y con estas dos cuestiones (por qué y para qué) y estos dos polos (saber y no saber) cualquier orador, cualquier no-actor puede construir su personaje. Saber, esto es, prepararse, para después dejarse ir y abrirse a lo desconocido. No se trata de aprender la emoción, sino de trabajar, saber, para después no saber, dejarse ir, sin acartonamientos.

Empatía

No hay noche sin luna ni libro de autoayuda sin empatía. ¡Qué concepto tan manido! La empatía es la capacidad de ponerse en el lugar del otro emocionalmente, un término que se popularizó en 1995 a raíz de la publicación del libro *Inteligencia emocional*, de David Goleman. Sin embargo, sus orígenes son anteriores a este manual y tienen que ver con el teatro y el arte en general. Theodor Lipps[28] estudió las experiencias de la audiencia de un espectáculo teatral. Cuando el

---

28. Theodor Lipps (1851-1914) fue un psicólogo y filósofo alemán centrado en cuestiones de arte y estética. Formuló la teoría de la empatía estética como un proceso de afinidad entre objeto y sujeto, donde este se reconoce a sí mismo y se solidariza con él, en un proceso que permite a la persona hallar un conocimiento de sí misma que hasta ese momento ignoraba.

espectador observa al artista, un acróbata en la cuerda floja, por ejemplo, experimenta internamente una especie de imitación motora y emocional, como si su cuerpo y emociones respondieran al movimiento observado. Para Lipps, la empatía es una especie de **fusión afectiva** entre el observador y el observado. No se trata solo de comprender al otro, sino de sentir con el otro.

Todos hemos probado alguna vez la sensación de vivir por dentro una obra de arte, contemplando una pintura, leyendo una novela, viendo una película o asistiendo a un espectáculo en directo. Sentir que esa pieza habla para nosotros, que quien la ha creado nos entiende, experimenta las mismas sensaciones que nosotros. En el ámbito de la comunicación, esa capacidad de entender y a la vez de ser entendido no es tan frecuente. La empatía es un concepto muy extendido y comentado, pero no tanto utilizado.

Y, sin embargo, ¡qué maravilla encontrar a alguien con auténtica empatía! ¡Cuán necesaria habilidad del buen comunicador! Mi profesor de tenis, Albert, es un maestro en esto. Jamás he conocido a un instructor con tamaña habilidad para leer sentimientos y adaptar su discurso a lo que el alumno necesita escuchar en cada momento. No lo hace porque sí, por complacerme, sino siempre con la intención clara de que yo mejore como tenista. Y lo sorprendente es que, a mi edad, y con mi escasa habilidad física, ¡lo consigue! Es capaz de decirme la misma frase veinte veces, de diferentes formas, hasta encontrar las palabras que, por alguna razón inexplicable, mi cerebro retiene, da la orden a mi cuerpo y este actúa. Y cuando ya me ve agotada e intuye que mi capacidad de concentración está disminuyendo, usa el humor, la herramienta infalible para mí, me hace reír y vuelvo a concentrarme. En una ocasión, él no pudo dar la clase y lo sustituyó otro profesor, con quien practiqué el servicio. Después ese monitor se cruzó con Albert y le dijo:

—Mercedes no sabe sacar, ya le he dicho que así no sacará bien en la vida.

Albert me contó esta conversación con perplejidad:

—Yo no llamo al fontanero para que me diga que el grifo está estropeado, eso ya lo sé, sino para que me lo arregle.

Qué gran profesor. Pura empatía.

En ocasiones la empatía es la única salida. Hay situaciones que se encallan, cada interlocutor se atrinchera en lo que considera «sus razones», y la comunicación se corta, no hay conexión, es imposible entenderse. Me ocurrió con nuestro vecino, un chaval de veintitantos años músico de profesión. Al poco de mudarnos descubrimos que los fines de semana, cuando sus padres no estaban, le gustaba tocar la guitarra eléctrica de noche. La primera vez que empezó el estruendo a las tres de la madrugada no nos lo podíamos creer. Sonaba tan fuerte que era como tenerlo en nuestra cama. Mi marido bajó a decirle que la apagara, que no eran horas; él lo entendió y cesó la música. A la semana siguiente, otra vez, viernes a las cuatro de la mañana, guitarra eléctrica a tope y cantando *Knockin' on Heaven's Door*. Si no fuera porque no podíamos dormir con ese ruido hubiera reconocido que el chaval tocaba bien y que escoger ese tema de Bob Dylan para despertarnos tenía guasa. Repetimos la operación, bajó mi marido, él se disculpó, la música paró. Se convirtió en un hábito, entre las dos y las cuatro de la madrugada, un día del fin de semana, concierto. Así que lo hablé con sus padres, quienes también se disculparon amablemente, pero ni aun así la música cesó. Al final, llamé a la policía, acudieron pero hicieron tanto ruido que cuando entraban por la portería él paró de tocar, así que no pudieron hacer nada, solo constatar su visita y mi testimonio. Nos planteamos incluso mudarnos, así no podíamos vivir. Hasta que un día, se me ocurrió darle la vuelta, ponerme en su lugar. Él quería tocar, y tenía que hacerlo cuando sus padres no estaban, porque ellos no se lo permitían, claro. Decidí hablarle, le dije que a partir de ese momento, siempre que no estuviéramos en casa el fin de semana, fuera la hora y el día que fuera, le avisaría para que él pudiera tocar. A cambio le pedía que se limitara a hacerlo en esos horarios. Se dio cuenta de que yo deseaba entenderlo, de artista a artista, y le proponía una solución. Aceptó... y cumplió.

La motivación del actor. ¿Cómo encontrarla en cualquier situación?

Motivarse frente a la repetición

Las emociones positivas surgen de forma natural cuando explicamos algo que nos gusta mucho, un proyecto en el que creemos, una idea genial que se nos ha ocurrido, una anécdota muy graciosa que estamos convencidos desatará la risa del grupo o algo muy importante que nuestra familia debe conocer cuanto antes. En esas ocasiones, nuestra motivación para hablar es muy alta, con lo cual no necesitamos fingir, podemos trabajar desde la verdad, decir frases como «Estoy encantada de estar aquí» sin tener que forzarlas.

Ojalá siempre fuera así. Sin embargo, es difícil sonar convincente y motivado cuando debes repetir el mismo discurso una y otra vez. Como el profesor que cuenta cada año los mismos chistes y consigue que los alumnos se rían o el amigo que explica por enésima vez aquella anécdota que todos conocen pero siempre consigue fascinar a los oyentes. ¿Cómo lo hacen? Hay detrás, sin duda, una labor de concentración y de búsqueda de la motivación. En mi primera obra de teatro como productora acudía cada noche a ver la función. Me fascinaba observar que en cada pase los actores salían a darlo todo, no «tiraban el texto» como se dice en la profesión, buscaban matices, se esforzaban, se entregaban. Le pregunté a la actriz principal:

—¿Cómo es posible repetir cada noche lo mismo sin aburrirse?

—Porque nunca sé si en el patio de butacas estará sentado Pedro Almodóvar —me replicó.

¡Cierto! **No puedes prever todas las consecuencias de tus actos**, no sabes si tras un discurso aparentemente inocuo como voluntaria en tu iglesia alguien del público te escuchará, se sentirá profundamente inspirado y te ofrecerá un nuevo puesto de trabajo en su empresa.

Tomar conciencia de que cualquier acto de comunicación, por pequeño y limitado que sea, puede tener consecuencias mucho más amplias es una idea poderosa que puede transformar tu forma de expresarte. El recepcionista de mi gimnasio no siempre saluda, a veces está taciturno, cuando paso delante de su garita a las 7:55 a. m. no responde a mi «¡Buenos días, Nico!». El florista de la esquina me alegra con su simpatía cuando me lo cruzo al regresar a casa. Ambos no pueden imaginar cómo me afecta su leve gesto. Todos influimos a los demás con nuestra comunicación y los corolarios de cada acción pueden ser infinitos, como bien describe el efecto mariposa.

Nuestro hijo Alberto ha trabajado muchos años en el Trofeo Conde de Godó de tenis, primero como recogepelotas, después como *sparring*... Un año se encargó de acompañar a los jugadores a la pista central para empezar el partido. Tan solo eso: debía buscar al jugador —en los vestuarios, las pistas de entreno o donde fuera que se hallara—, indicarle cuántos minutos le quedaban para salir a jugar y acompañarlo en esos escasos pasos que separaban cualquier punto de las instalaciones del Real Club de Tenis Barcelona y la pista Rafa Nadal. Lo disfrutó mucho; para él, apasionado de este deporte, pasar unos fugaces minutos con sus ídolos era un valioso regalo. Como también ha competido, intentaba ponerse en su lugar. Conoce bien la tensión previa, así que fue muy respetuoso al comunicarse con ellos, escogía las palabras y el momento adecuado para hablarles, y si podía lo hacía en su idioma: intercambió unas breves palabras en italiano con Lorenzo Sonego, en francés con Félix Auger-Aliassime y en inglés con Casper Ruud, Cameron Norrie y los demás. Meses después, el responsable de los trabajadores del torneo recibió una llamada de la ATP Tour[29] felicitándolo por el acompañamiento a los tenistas en la pasada edición. Al parecer, varios jugadores habían comentado haber notado un cambio: el trato frío e impersonal al que los tenían acostumbrados se había transformado en un acompañamiento cálido y atento que los había hecho sentirse más a gusto en el Godó. **No hay trabajo ni acto de comunicación pequeño.**

---

29. ATP: Asociación de Tenistas Profesionales.

Motivarse en situaciones adversas

Es difícil motivarse cuando uno de los elementos escénicos no es de tu agrado. ¿Te ha sucedido alguna vez que…?

a. Tu auditorio no te convence. ¿Quién no ha tenido un profesor, un jefe o un cliente con el que no congenia?

b. No estás seguro de tu mensaje. Desconfías de la calidad del producto que vas a vender, o le estás diciendo a tu equipo «A por ellos» sin el suficiente convencimiento de que podéis ganar o les explicas a tus hijos que el cambio de ciudad será fantástico y enseguida harán nuevos amigos en el nuevo colegio cuando tú mismo tienes dudas al respecto.

c. El escenario no es de tu agrado. Ese lugar en el que te ha tocado hablar no te transmite buenas vibraciones, o te trae malos recuerdos, o no te inspira confianza.

d. Simplemente no tienes el día. Dormiste mal la noche anterior, o te has peleado con tu pareja, o tienes demasiadas cosas que hacer para preocuparte de dar esa charla en el colegio de tus hijos.

A los actores también les pasa, ¿cómo consiguen conectar con todos los personajes que interpretan? Si encarnas a alguien con quien te identificas enseguida surge la conexión, las similitudes con tu carácter, y es más directo encontrar el famoso «sentido de la verdad» del actor —del que hemos hablado ya—. Ahora bien, si debes representar a un pederasta, ¿cómo encontrar la verdad en ese personaje? ¿Cómo hacerlo de forma sincera?

Por mi experiencia como productora, he podido comprobar que entre lo que el público ve y lo que pasa entre candilejas, con frecuencia, hay un abismo. En la pantalla observamos a una pareja sentimental y nos parecen enamoradísimos, su amor se nos antoja puro y sincero. Si supiéramos que cuando al director dice «corten» cada uno corre a su camerino sin dirigirse la palabra porque no se soportan… ¿Cómo consiguen decir «te amo con todo mi ser» al otro y que el público lo crea, cuando en realidad están pensando «no te aguanto más»? Stanislavski diría «busca en tu interior», es decir, echa mano de tus recuerdos, de tus sentimientos. Para el pedagogo ruso, el material del actor es su psicología. Por eso cuantas más vivencias tiene un intérprete, más puede aportar a sus personajes. Es un trabajo arduo, de maduración lenta, todo un proceso que requiere de mucha técnica para recuperar emocionalmente algo ya vivido y ser capaz de entrar y salir de ciertos estados anímicos sin que te afecten como persona. Y eso es difícil, el actor trabaja con su propio ser, un material muy sensible, y muchas veces se ve afectado por el personaje, por eso tantos intérpretes tienen problemas psicológicos. Y en ocasiones se confunden y se «creen el personaje».

Hay, sin embargo, otras formas de buscar la verdad en la actuación menos invasivas y que pueden resultar útiles a los no-actores. Hablemos de la técnica del **punto de conexión** que desarrolló Jorge Eines. Veamos un ejemplo reciente de dos personajes que todos tenemos en el imaginario, Tokio y Río, interpretados por Úrsula Corberó y Miguel Herrán en la serie de televisión *La casa de papel*. Estos dos protagonistas viven una intensa historia de amor, hay muchas escenas de pasión entre ellos, en las que comparten promesas como esa famosa frase de Río a Tokio: «Cuando se compliquen las cosas yo estaré contigo, a tumba abierta». ¿Cómo se motiva el actor Miguel Herrán para decirle eso a la actriz Úrsula Corberó y que todos en nuestras pantallas sintamos un amor profundo y sincero entre ellos? No conozco a los actores, podría ser que en la vida real estuvieran enamorados. Si así fuese, no les costaría nada rodar esas escenas, las harían con motivación y verdad, pues recurrirían a sus propios sentimientos. Esto rara vez pasa, así que lo descarto. Vamos a suponer algo más realista y frecuente, que entre ellos no hay ningún tipo de relación sentimental, es más, tampoco son amigos, se han conocido en este rodaje. ¿Cómo se motiva Herrán para amar a Corberó? Tiene dos opciones:

1. Según Stanislavski, debe bucear en sus recuerdos y cuando mire a Úrsula, imaginar que es otra mujer la que tiene delante. Debe reemplazar la visión de la actriz por la de aquella joven alguna vez amada. Esto es lo que hacen los grandes actores. Es difícil de conseguir, se necesita muchísima técnica, luego no nos sirve para motivar a un no-actor ante un cliente que le cae mal.

2. Según Eines, hay una forma más sencilla de motivarse. Herrán no necesita imaginar a otra mujer, solo buscar algo en Corberó, por pequeño y concreto que sea, que le guste. Ese algo podría ser, por ejemplo, la mano de Úrsula. Imaginemos que Miguel Herrán puede mirarle la mano y pensar para sus adentros «qué bonita» **sin mentirse a sí mismo**. A partir de ese elemento, el actor encuentra aquello que ama, no en la totalidad, sino en la particularidad. Y desde lo singular de la mano, construye lo general del personaje.

La técnica del punto de conexión es fácil de aplicar y puede salvar más de una situación comprometida. Imagina que vas a cenar a casa de unos conocidos que no te son especial-mente simpáticos. La pareja lleva tiempo invitándote, has ido dando excusas para evitar el encuentro, pero esta vez no has podido negarte, así que te diriges allí con la motivación bajo mínimos. ¿Le suena al lector esta situación? Si picas al timbre de su puerta con la mayor de tus sonrisas se te va a ver el plumero, la actitud será demasiado falsa. Así que buscas un punto de conexión, por mínimo que sea, que te acerque a tus anfitriones. Algo reducido pero cierto que puedas repetirte a ti mismo sin mentirte, lo cual te conectará con un sentimien-to positivo genuino. Te acuerdas de que les gusta navegar, y tu gran pasión es la vela. ¡Ya lo tienes! Te agarras a eso y lo visualizas de camino a su casa. Te ves en el mar, surcando las olas, feliz, y ellos están contigo. Te aflora una sonrisa. Llamas a su puerta con una actitud abierta.

Buscar el punto de conexión no es siempre una tarea ele-mental. A veces es difícil encontrarlo, especialmente cuando preparas un encuentro con alguien por quien no tienes sim-patía; pero, en mi experiencia, si le dedicas un poco de tiem-po, siempre surge algo. El punto de conexión puede ser muy pequeño —nos gusta el mismo grupo de música, tenemos hi-jos de la misma edad, vamos vestidos en tonos parecidos…—, lo importante es que sea cierto, que quien lo busque no se mienta a sí mismo, pues si te agarras a algo minúsculo pero verdadero, el sentimiento positivo que aflorará será sincero, y a partir de ahí podrás construir algo más general.

Responder a preguntas incómodas

Por muy bien que te hayas preparado y muy satisfecho que estés con el resultado de tu charla, siempre puede aparecer el aguafiestas de turno que te formule una pregunta impertinente. Esa cuestión para la que no tienes respuesta, o no en ese momento. Necesitarías tiempo, darle una vuelta, antes de contestar. Pero estás allí, frente a tu inquisidor, no puedes esconderte debajo de la mesa y aparecer después. ¿Qué hacer en estos casos?

El primer consejo sería no responder de forma directa, tomar siempre el camino más largo. Hay varias opciones, ninguna es infalible, pero pueden ayudar:

1. La **técnica del espejo**: se trata de devolver la pregunta, con elegancia. Por ejemplo, el alumno que pregunta al profesor:

   —¿Si pudiera enseñaría en una universidad mejor?

   A lo que el profesor puede contestar:

   —¿Qué es para ti una universidad mejor?

   Esto permite ganar tiempo y llevar la conversación a un terreno que puedas manejar.

2. **Reformular**: sería parecida a la técnica del espejo. Aquí devuelves la pregunta pero esta vez la desarrollas, la reformulas haciéndola más amplia. Retomando el caso del alumno impertinente, si preguntara:

   —Profesora, ¿usted cree que esta universidad vale realmente lo que cuesta?

   La maestra podría reaccionar así:

   —¡Interesante pregunta! ¿Cómo defines el valor en una universidad? El valor puede medirse por la calidad de la enseñanza, por las oportunidades de crecimiento o la red de contactos.

   Esto permite redirigir la conversación y tomar el control.

3. **Sonreír**: hacer una pausa, responder. Imagina que en una cena con conocidos alguien te pregunta:

—Oye, ¿tú cuánto ganas exactamente?

No respondas impulsivamente. Haz esto en tres pasos:

  a. Sonríe y respira hondo.

  b. Haz una pausa, concédete unos segundos para pensar.

  c. Responde con tacto:

    —Este es un dato muy personal, pero te puedo contar cómo he conseguido mejorar mis ingresos.

Se trata de controlar tu reacción, no permitir que la respuesta surja de un arrebato, y así tu dirigirás la situación.

4. Un poco de **humor**: esta es quizá la opción más difícil de dominar, solo aconsejable frente a un auditorio de confianza o para aquellos que se sientan cómodos en el terreno de la ironía. Yo la utilizo en mis clases en los grados universitarios, y también con mis hijos, pero reconozco que no me atrevería a hacerlo con determinados clientes o ante desconocidos. Un alumno tuvo el descaro de levantar la mano en clase y plantearme:

—Mercedes, ¿por qué tenemos que aprender esto si no lo vamos a usar en la vida real?

Toda la clase se echó a reír, así que yo no me corté un pelo, le espeté:

—Para ejercitar tu cerebro... y mi paciencia, ja, ja.

En una ocasión, ayudé a un directivo a preparar una presentación ante el comité de su empresa. Llevaba sus diapositivas muy bien ensayadas, su gestualidad, sus pausas, el tono de la voz, todo lo habíamos repetido varias veces hasta encontrar la coherencia. Además, me contó que el presidente era un personaje muy directo que solía lanzar preguntas por sorpresa, por lo que le planteé unos ejercicios de juego de rol con cuestiones incómodas que él afrontó con la técnica del espejo. Todo estaba listo. Hizo su presentación, y al acabar me llamó desanimado:

«Todo fue bien hasta que el presidente me hizo la pregunta del millón: "¿Qué pasará si el test de mercado no funciona? ¿Tienes un plan B?". Yo le contesté con la técnica del espejo. Y él alegó: "Perdona, me estás contestando con una pregunta, ¿crees que no me doy cuenta?", lo cual me dejó muy cortado, me puse rojo y no supe qué decir. Suerte que estaba mi jefe en la reunión y me salvó…».

Lo sentí mucho por el cliente, por el mal rato que pasó y porque yo no pude ayudarlo, no le di las herramientas suficientes para defenderse. Me faltó ir un paso más allá. Si hubiésemos tenido una segunda oportunidad —en la vida real no la tuvimos, pero al lector le puede servir—, le hubiera aconsejado dos opciones:

1. Humor y desarme: de nuevo, si te sientes cómodo, el humor puede quitarle rigidez a la situación. Por ejemplo: «Ups, parece que estamos en un duelo de preguntas. ¿Quién gana si seguimos así?».

2. Honestidad y transparencia: si la otra persona ha detectado tu técnica, como parece que fue el caso del presidente —debía de asesorarlo también una *coach* en comunicación—, puedes admitir que le has devuelto la pregunta y explicar por qué lo has hecho. Por ejemplo: «Tienes razón, fue una pregunta. Lo hice porque quería saber mejor cómo piensas al respecto antes de dar mi respuesta».

¡Disfruta!

Es el consejo más valioso que le puedo dar a cualquier persona que desee tocar el corazón y la mente del que le escucha. ¡Pásatelo bien! Si tú disfrutas, se nota; si sufres, también. Ya lo dijo Voltaire: «Conviene siempre esforzarse más en ser interesante que exacto; porque el espectador lo perdona todo menos el sopor».

Lo hemos visto en este capítulo, de nada sirve agobiarse, pasarlo mal, pues todo está en tu cabeza y tú puedes remediarlo. En todos estos años he conocido oradores de todo tipo, circunstancia, profesión y edad. Y siempre hay algo común en los buenos comunicadores: les encanta hablar en público. Del mismo modo que a los actores les apasiona su trabajo, sería maravilloso entusiasmarse con cada acto de comunicación, con cada frase, con cada persona que nos escucha. Si tú te diviertes, tu cuerpo lo expresará, todos los poros de tu piel transmitirán esa sensación. La energía positiva es muy contagiosa. Y hay una muy buena noticia como colofón a esta actitud... Al actor motivado, ¡se le perdonan los errores! Ojo, no quisiera que el lector se relajara aquí y dijera: «Entonces, ¿todo lo anterior sirve para algo? ¿Debo prepararme?». Por supuesto, no hay que subestimar a la audiencia; el público identifica la calidad, sabe cuándo el oyente conoce su tema o cuándo aparenta conocerlo. Y no perdonará veinte errores al respecto, no sería de recibo un orador tan torpe. Pero quítale hierro a ese pequeño descuido, a ese titubeo, a ese cambio de última hora en el orden que te ves obligado a hacer... Lo más probable es que el auditorio no lo perciba, puesto que, por lo general, no saben de qué vas a hablar, y si sienten tu pasión, tu generosidad, tu compromiso, te perdonarán.

EL APUNTADOR

- La mente puede ser nuestro mejor aliado o nuestro peor enemigo.

- La hiperautoconciencia nos hace ver cosas que no son. No es el público quien nos juzga, somos nosotros mismos desde dentro.

- La respiración abdominal profunda ayuda a rebajar la tensión y aumentar la concentración.

- Antes de comunicar, hay que cruzar el puente: desprenderse de las tensiones acumuladas y prepararse para la escena.

- Cada persona debería confeccionar su propia lista de voces críticas y contrarrestarla con mantras.

- La adrenalina tiene dos caras: puede generar tensión, pero también aporta energía, atención y magnetismo.

- Los minutos antes de hablar deben convertirse en un ritual: respirar, conectar con el cuerpo, calentar la voz, recordar el propósito.

- Si durante la exposición aparecen los nervios, hay que respirar, bajar el ritmo y volver al mensaje.

- No es necesario disculparse si se pierde el hilo: una pausa y continuar es suficiente.

- Un «anclaje» (una frase, imagen mental o gesto) puede ayudarte a volver al centro.

- La mejor herramienta escénica que uno tiene es uno mismo. Sé tú mismo. Fingir agota y se percibe. El público agradece la autenticidad.

- Para motivarse, busca un punto de conexión, por pequeño que sea, que sea cierto para ti.

- Para responder a preguntas incómodas: técnica del espejo, reformular, responder con honestidad o con humor.
- ¡Disfruta! Si sufres, el público lo nota; si lo pasas bien, también.

Con todo lo dicho hasta ahora podemos generar un **SUPERAPUNTADOR** y sintetizar en cinco palabras las características de un gran orador. El buen comunicador necesita ser:

Auténtico: ser uno mismo, original e inimitable, no copiar a nadie.

Seguro: la seguridad la da el conocimiento, la preparación.

Energético: cuidar el cuerpo, mimar la voz.

Apasionado: amar lo que vas a contar, los demás lo notarán.

Empático: ponerse en la piel del otro.

Fácil, ¿no? ☺ Y si estas cinco palabras las tuviéramos que sintetizar en una sola, esta sería:

Generoso: el buen comunicador se entrega a su público.

Y, cuando lo hace, el auditorio cae rendido a sus pies.

LOS BISES

LA COMUNICACIÓN *ONLINE*

Si hubiera escrito este libro hace unos años, antes de la pandemia por COVID, probablemente lo habría acabado en el capítulo anterior. Antes de marzo de 2020, la comunicación *online* ya estaba presente en nuestras vidas, pero era algo complementario, la comunicación presencial seguía siendo la prioridad. La pandemia dio un vuelco a esas preferencias; hablar ante una cámara se tornó omnipresente, en muchos casos el medio principal de expresión, y en la gran mayoría, una alternativa concurrente a diario en nuestras vidas.

Por mantener un símil con la profesión artística, diría que comunicar *online* tiene mucho en común con la interpretación cinematográfica. La cual difiere de la actuación teatral.

Diferencias entre teatro y cine

Actuar en un escenario ante un público es diferente de hacerlo frente a una cámara. Aunque en ambos casos el actor encarna un personaje y cuenta una historia a través de su actuación, existen diferencias técnicas, especificidades de cada medio que el buen intérprete necesita conocer bien y ejercitar. No todos los actores trabajan en ambos medios. En general, en la profesión se considera más complejo y dificultoso actuar en teatro que hacerlo en cine. Se comenta: «Este actor no se atreve a hacer teatro».

No estoy del todo de acuerdo, creo simplemente que son medios distintos y requieren de habilidades no comparables. ¿Por qué la actuación en vivo (el teatro) se considera más compleja que la actuación frente a una cámara (el cine y la televisión)? Porque...

- No es posible repetir: en mitad de una función, no hay posibilidad de cortar y rehacer una escena. Si te equivocas, ahí queda el fallo, con lo cual...
- Hay que adaptarse en tiempo real: si ocurre un error o imprevisto (problema técnico, olvido de texto, reacción del público), el actor debe resolverlo sobre la marcha sin romper el personaje.
- La exigencia física y vocal es mayor: el actor debe proyectar la voz y mantener la energía durante toda la función, ante cientos de personas. En teatro, la premisa básica es la acción, es un medio muy físico.
- El apoyo técnico es menor: en el cine, la edición, el sonido, la iluminación y los efectos ayudan a construir el personaje... y camuflan posibles defectos de interpretación. En teatro, aunque también hay escenografía, que arropan al personaje, el grueso de la escena recae en el actor.

En resumen, en una grabación las herramientas técnicas pueden ayudar y compensar las carencias del actor; en un escenario, difícilmente. Sin embargo, el cine es una profesión de gran complejidad técnica, con sus particularidades. La más significativa tiene que ver con el desorden cronológico del rodaje.

Por exigencias del presupuesto, las localizaciones o la agenda de los implicados, las películas no se ruedan siguiendo el guion ni el hilo de la narración. Suele haber saltos hacia delante y hacia atrás en la historia y el actor debe adaptarse a esos cortes narrativos en el tiempo, y mantener lo que se denomina el «arco emocional» del personaje. Un ejemplo muy extremo fue el rodaje de *El señor de los anillos*. Duró catorce meses y se rodaron simultáneamente las tres películas, lo cual implicaba para los actores saltar de una película a otra en días distintos. En el escenario, cuentas con la ayuda del impulso dramático de toda la obra para actuar. En el cine, ruedas momentos aislados, con lo cual estás continuamente esforzándote por conseguir un intenso grado de concentración en cada plano.

Menciono todo esto para dar una visión más completa y justa del trabajo del actor de cine. No obstante, esta complejidad no le atañe al no-actor, pues no va a enfrentarse en principio, a una grabación tan intricada, con saltos cronológicos, así que no me extenderé en ello.

Otra de las diferencias con las que lidia el actor cinematográfico y que sí interesa al no-actor tiene que ver con la expresividad. «La cámara lo ve todo, en especial la falta de espontaneidad», sentenció el gran actor inglés Michael Caine.[30] Ante la cámara se requiere de sutileza y control, ya que los gestos y las expresiones se ven en primer plano. En el teatro, la actuación es más exagerada y proyectada para que el público, incluso en las últimas filas, perciba la emoción y la intención del personaje. La cámara amplifica las emociones, el conjunto se ve más grande, de modo que no es necesario gesticular mucho, todo debe hacerse sutilmente.

---

30. Michael Caine, *Actuar para el cine*, Plot, 2003, p. 67.

El no-actor frente a la cámara

No es mi intención desanimar al lector; hablar ante una cámara no es empezar de cero. Muchos de los consejos que hemos comentado a lo largo de este libro sobre la comunicación presencial servirán también en este medio. Hacer pausas y vocalizar bien, hablar claro, ser tú mismo, controlar el tono, la expresividad, la intención comunicativa. Y una vez más, ¡ensayar! Puedes practicar mediante grabaciones cortas, hablar un minuto y revisarlo. Así ajustas tics, muletillas, velocidad, tono. Veamos cómo conectar y comunicar eficazmente a través de una pantalla, adaptando la actuación presencial al formato digital.

Hoy en día la comunicación *online* es una competencia esencial tanto en el ámbito profesional como en la vida cotidiana. Las videollamadas, los webinarios, las reuniones virtuales y los mensajes asincrónicos han transformado la forma en que nos relacionamos, trabajamos y compartimos ideas. Durante la pandemia todos nos habituamos a charlar con nuestros familiares, amigos y compañeros de trabajo desde casa, y hubo de todo, quien se vestía con americana y corbata de cintura para arriba, y con pijama y zapatillas de cintura para abajo, quien hablaba desde el lavabo y al final escuchábamos el sonido de la cadena de su inodoro, o quien daba la cena a su bebé y algo de papilla le salpicó en la frente mientras estaba conectado. Aquellas fueron circunstancias anómalas, pero está claro que la videoconferencia ha venido para quedarse. Y como en todo, vale la pena cuidar los detalles para que la conversación sea más fluida.

Cuando un no profesional de la actuación cinematográfica se pone frente a una cámara no es consciente de hasta qué punto **las decisiones técnicas** que tome antes de grabar afectarán profundamente su capacidad de conectar con su audiencia. Veamos las más determinantes:

- **El encuadre.** Consiste básicamente en decidir qué queremos que se vea, es decir, qué estará en plano. Al escoger qué elementos están dentro del encuadre y cuáles quedan fuera, decidimos qué nos interesa que sea visto por el espectador. Eso entraña una segunda decisión, el tipo de plano. En cine hay muchísimos planos (holandés, secuencia, picado, largo…), por lo que la selección y concatenación en una toma es algo muy intrincado, dependerá del punto de vista, del ángulo, el tamaño… Para un no-actor que utilice el móvil o el ordenador para comunicarse, ya sea en el ámbito personal o profesional, los planos más frecuentes serán tres:
  - Primer plano: el rostro ocupa toda la pantalla. Se puede elegir esta opción para conversaciones íntimas o personales —una videollamada con tu pareja o tus hijos— y es importante recordar que la mínima expresión de la mirada se percibirá de forma amplificada.
  - Plano corto: de los hombros para arriba. Semejante al anterior, pero no tan invasivo. Si en un momento dado el no-actor necesita mostrar sus manos —para enumerar una lista, por ejemplo—, deberá alzarlas y asegurarse de que entran en plano.
  - Plano medio: se verá el busto hasta los codos. Las manos juegan un papel más relevante aquí, pueden utilizarse para enfatizar el discurso pero, sabiendo que la cámara todo lo magnifica, no se debe abusar de la gesticulación: solo se debe utilizar en momentos

puntuales que necesiten ser acentuados, y, nuevamente, asegurándose de que dicho gesto entra en plano. Es aconsejable evitar movimientos muy bruscos o repetitivos.

- **La posición de la cámara.** Para hablar frente al objetivo, este debe colocarse a la altura de los ojos. Un error frecuente ante la pantalla del ordenador es situar la lente en un plano inferior a nuestra mirada, lo cual nos obliga a bajar la vista, los ojos se empequeñecen y nuestra expresión no queda tan favorecida. Conviene subir el ordenador, colocando libros debajo, por ejemplo, hasta asegurarse de que podemos trazar una línea recta entre nuestros ojos y el objetivo. ¿Por qué? Porque ante la cámara no miramos directamente al público a los ojos. A veces aparecen sus caras en la pantalla, a veces solo las intuimos, sabemos que están ahí, pero no vemos sus rostros. En cualquier caso, debemos mirar siempre al objetivo, no a la pantalla. Mirar a cámara es el equivalente a mirar a los ojos. Aunque sea incómodo, cuando te diriges a la lente, estás creando una conexión directa. Yo he llegado a dar un webinario para trescientas personas y, por requisitos legales del organizador, sin ver ni una cara. Es algo rarísimo, tienes que cargarte de confianza, en ti mismo y en la tecnología, imaginar algún rostro en tu mente, y lanzarte a hablar sin apartar tus ojos de la cámara.

En la pandemia todos nos pusimos a grabar vídeos como locos. A muchos nos pedían charlas *online*, algo que no habíamos hecho nunca hasta ese momento. Cuando visioné un vídeo casero de un compañero de Esade, me fijé en que había puesto la cámara tan baja que mostraba su barbilla, parte de sus fosas nasales y el techo de la habitación. Parecía más una escena de una película de terror que una charla de un profesor universitario. Además, el ángulo tan bajo lo hacía parecer más rígido y distante, como si estuviera mirando por encima al espectador. Desde ese día tengo siempre una pila de libros grandes y estables encima de mi escritorio, que utilizo como soporte para mantener el ángulo correcto cuando hablo *online* usando el ordenador.

- **La iluminación**. Cuidar cómo la luz ilumina tu rostro y el espacio donde grabas es necesario para que la comunicación fluya…, incluso en una videollamada con tus hijos. A veces me quejo de que no los veo bien, me hablan desde la cama, con poca luz, o mientras están preparando la cena en su cocina. Vale la pena asegurarse de que nuestro rostro está en plano y bien iluminado, sin sombras laterales. Si la grabación o conversación es de día, lo ideal es colocar el ordenador frente a una ventana, así la luz natural alumbrará directamente nuestra cara. Conviene probarlo antes y si se detecta alguna pequeña sombra, corregirla con un flexo bien orientado. Hay que evitar la luz cenital —la que cae directamente sobre tu cabeza desde el techo—, pues es probable que genere sombras, o las lámparas traseras, porque producirán contraluz.

- **El sonido**. Lo bueno del cine es que no es necesario chillar ni tener una voz potente como en teatro, los micrófonos hacen el trabajo. Aunque, nuevamente, como ocurre con la gestualidad, los defectos de sonido se amplifican en este medio, así que es imprescindible verificar que se nos escucha bien. Elementos a tener en cuenta:

- Los espacios grandes o con pocos muebles, paredes desnudas o suelos duros generan eco y pueden distorsionar la sonoridad.
- Los espacios pequeños o con objetos blandos (cortinas, moqueta, alfombras, libros…) amortiguan el eco.
- Las ventanas que dan a la calle o el uso de ventiladores o aire acondicionado también pueden deformar el sonido.

En función de lo expuesto, el ponente determinará si es suficiente con el micro que aporta el ordenador o móvil, o si bien necesita uno de solapa. Yo para mis *reels* de Instagram, aunque los grabe en casa, llevo siempre un micro de solapa, así me aseguro de que el sonido es el mejor posible. Lo pinzo a la chaqueta evitando roces con el pelo, collares u otras prendas. Es fácil de comprobar, me grabo diez segundos y verifico que el sonido sale limpio.

- **El fondo**. Hoy en día mucha gente elige no mostrar su fondo y optan por desenfocar la imagen o colocar una imagen de archivo. Mostrar la habitación en la que te encuentras es un acto de generosidad, estás dando más información sobre ti mismo. Es interesante hacerlo, pues enriquece la conversación, y en determinadas circunstancias —una entrevista de trabajo o cualquier charla entre amigos— puede ayudar, siempre que sea una decisión consciente, no un despiste. Si optas por mostrar un fondo, asegúrate de que es acorde con tu mensaje. Elige algo neutro, que aporte contexto sin robar protagonismo. En una entrevista, un despacho ordenado comunica profesionalidad; una estantería con libros puede transmitir cercanía y cultura.

En reuniones profesionales los participantes suelen escoger con cautela el fondo para que sea acorde con su perfil; en otro tipo de encuentros no tanto. Una vez asistí a una reunión *online* de la organización con la que colaboro como voluntaria, éramos unas treinta personas. Me llamó la atención la variedad de escenarios, algunos muy sobrecargados, con poca luz o con luces de fondo que hacían sombra en la persona, ventanas traseras, estanterías llenas de libros, ambientes que inspiraban poco o eran antiestéticos —hasta hubo uno que estaba sentado frente a los fogones en su cocina mientras daba vueltas a una cazuela—. Imagino que la mayoría pensaba: «Como somos voluntarios, qué más da lo que mostremos de fondo». Siento discrepar: no todo vale, aunque sea un encuentro casual, informal, todo lo que tu cámara muestre da información sobre ti y, lo que es más grave, puede distraer al auditorio. Si muestras una pared llena de fotos, puede haber participantes que estén más pendientes de descifrar quién hay detrás que de seguir lo que dices. Facilita la labor, que tu escenografía te ayude a expresarte, que todo sume y no reste. Por consiguiente, al igual que haríamos con la escenografía de un acto presencial, se impone pensar antes qué elementos van a salir en plano.

- **La vestimenta.** Hay dos reglas básicas aquí: evitar las rayas y los estampados, pues ambos generan distorsiones ante la cámara. En general, los colores neutros y las formas sencillas funcionan bien. Tampoco aquí debemos olvidar la necesidad de vestir de forma coherente con el mensaje que se desea transmitir.

Cecilia, una profesora de literatura, tenía que grabar un vídeo corto para sus alumnos de bachillerato explicando un poema. Como era invierno, se puso su jersey favorito, uno de rayas blancas y negras muy finas. Al día siguiente varios alumnos comentaron en clase que les costó concentrarse en el contenido porque «el jersey parecía moverse solo», y otro confesó que tuvo que mirar el vídeo sin imagen porque lo mareaba. Cecilia revisó las imágenes y entendió el problema: las rayas finas creaban un efecto moaré.[31] Conclusión: revisa tu ropa en cámara antes de grabar. Si parece que se mueve aunque esté quieta, no la uses.

Cuidar estos seis ingredientes es la base de la receta, es el primer paso entre un vídeo casero, desaliñado, que no genere interés, y uno bien producido. Pero no constituye la clave del éxito, insisto, es lo mínimo. Pensemos que el público está saturado, expuesto a miles de estímulos digitales diarios: anuncios, *reels*, notificaciones, memes, etc. Y tu vídeo, el que le mandas a tus nietos con toda la ilusión, no compite solo con otros creadores: compite con WhatsApp, correos del trabajo, el tráfico de la ciudad, todas las plataformas (Netflix, Movistar, Filmin, Prime, HBO, Apple TV) y todas las redes sociales (TikTok, Instagram, Facebook, Snapchat, X). Los datos son demoledores, según estudios recientes de Meta —la empresa dueña de Facebook e Instagram—, el tiempo medio de atención en redes sociales ha caído a menos de ocho segundos.

---

31. El efecto moaré ocurre en fotografía cuando una escena, persona u objeto contiene detalles repetitivos de pequeño tamaño (como patrones de rayas o puntos) que superan la resolución del sensor de la cámara. Como resultado, la fotografía produce un extraño efecto ondulante que distrae nuestra atención.

En TikTok, el 50 % de los usuarios decide si sigue viendo un vídeo en los primeros tres segundos.

Con esto tenemos, pues, la base de la pizza. Vamos a añadir ahora algunos ingredientes más en función de si se precocina o si se hornea al momento.

Grabando ante la cámara

Cuando tengas que grabar un vídeo, ya sea por motivos personales (una felicitación a una amiga por su cumpleaños, una invitación a una boda o evento, una comunicación especial a tu familia) o profesionales (vídeos corporativos, cursos *online*, tutoriales), deberás prestar especial atención a todo lo señalado anteriormente para que tu comunicación sea clara y efectiva.

En la comunicación presencial, los errores se viven una sola vez, después el auditorio los retendrá un tiempo en su memoria, pero acabarán pasando. En la grabación, para bien o para mal, el contenido queda, ya que puede volverse a visionar tantas veces como se desee. No pretendo aumentar la presión, y aquí te doy unos sencillos pasos para hacerlo fácil y divertido:

- Grábate primero una vez para escuchar cómo suenas. Acostúmbrate a oír tu voz grabada, familiarízate con ella para sentirte cómodo y natural cuando hagas la toma definitiva.
- Si la cámara te intimida, comienza grabándote solo. Observa tus tics, tu tono, tu ritmo. Ensaya. Como en el teatro, la naturalidad también se entrena.
- Haz varias tomas y revisa lo grabado. Repite cuantas veces necesites, no te conformes, prueba cambios de tono, expresión o ritmo hasta encontrar el mejor resultado.

- Si el contenido es largo, divídelo en bloques pequeños y graba por partes. Esto reduce el cansancio y permite mantener la energía constante. Como sabes, después la edición produce la magia, tu público no sabrá de esos cortes.
- Respira y no corras, habla despacio, dejando aire entre frases. Esto facilita la edición y mejora la comprensión.
- Cuidado con los gestos nerviosos, como jugar con un boli, tocarte el pelo o mirar fuera de cámara. Todo eso distrae o resta autoridad.
- Cambia el ritmo, alterna tonos, haz énfasis en determinados momentos y pausas para evitar que suene plano o aburrido.
- Prueba diferentes planos, corto, más largo, más cerrado… Eso le da dinamismo a la grabación.
- Puedes añadir una música en la edición, de fondo (sin letra), para hacer más cálido el discurso. Escoge una canción que sea coherente con lo que explicas.

Si te grabas a ti mismo, con tu móvil y un trípode, podrás hacer cuantas pruebas necesites. Si te graban otros y no controlas tú los seis ingredientes básicos, no dudes en hacer las preguntas que creas pertinentes y pedir que te enseñen alguna prueba para verificar que el resultado te gusta. No creas que por llevar cámara en mano el técnico es infalible. Yo he visto de todo. Como voluntaria de una ONG, colaboré en el rodaje de un vídeo para fomentar la solidaridad. La técnica de la ONG, una chica con experiencia, que había trabajado en una productora de anuncios, se presentó con una estupenda Canon 550D, cámara que manejaba con destreza, pero… ¡la colocó extremadamente baja respecto a la línea visual de los actores! En cuanto me di cuenta, le pedí que la levantara.

Mi marido está acostumbrado a dar charlas presenciales, habla en foros internacionales ante cientos de personas. También organiza con frecuencia videoconferencias con audiencias de todo tipo. Pero no suele hablar a cámara en una grabación, eso le impone más. Una vez lo llamaron para registrar una pieza en el puerto de Barcelona en la que debía hablar de un proyecto de inversión en el Mediterráneo que él lidera. Era una mañana soleada y el operador le pidió que se colocara en un plano medio, en el que se veía el Hotel W y la línea del mar al fondo. Todo muy estético y bonito. Pero el sol le daba en la cara y no llevaba gafas de sol, así que estuvo los cinco minutos que dura el vídeo con el ceño fruncido y más preocupado por mantener los ojos abiertos que por comunicar. A él no se le ocurrió cambiar el encuadre... y lo más grave, al técnico tampoco.

Hablando en directo ante la cámara

Vamos a comentar aquí los famosos webinarios o seminarios en línea, las presentaciones *online*, las reuniones y los directos en redes sociales que cada vez utilizamos más. El objetivo es nuevamente comunicar con seguridad y fluidez. ¿Qué trucos nos pueden ayudar?

- En estos casos, no hay segundas tomas, como en el teatro, así que es necesario ensayar como si hablaras en un escenario frente a un auditorio lleno. Todo lo dicho en los primeros capítulos sirve aquí. Ensaya y conoce el contenido... sabiendo que puedes hacer una pequeña trampa colocando un esquema visual o guion breve a modo de recordatorio a la vista. Si eres hábil y lo consultas muy poco, tu interlocutor no lo percibirá.

- Si usas un guion, habla como si conversaras, no como si leyeras. La naturalidad es clave, también aquí. No se trata de actuar como un presentador de televisión, sino de conectar desde lo humano.

- Antes de la sesión, infórmate bien de todas las características técnicas de tu medio (cómo grabar, cómo detener la grabación, compartir pantalla, contestar una pregunta del chat, qué hacer si se bloquea la pantalla, cómo silenciar los micros, etc.). Gestiona los imprevistos (fallos técnicos, preguntas inesperadas o interrupciones) con calma. Mantén el control emocional, respira profundamente, e intenta solventarlo con confianza. Y ten un plan B, una copia de tu presentación, una conexión alternativa o un número de asistencia técnica por si algo fallara.

- Pide a tu audiencia que conecte su cámara, eso los hace sentirse más presentes y responsables. Con cámaras apagadas la mente se distrae fácilmente, la visibilidad genera atención. Y si ves sus caras, puedes leer sus reacciones inmediatas y ajustar tu mensaje. En general, ver rostros genera empatía y cercanía.

- Conecta con la audiencia en tiempo real, mantente muy atento a sus reacciones o peticiones. Si hay chat o interacción, respóndelos. Si no, imagina que estás hablando con alguien concreto.

- Cuida tu energía y tu ritmo. Mantén el dinamismo de forma constante, incluso más que en una grabación o en una intervención presencial, para no perder a los oyentes.

- Las reuniones virtuales pueden ser agotadoras. La llamada «fatiga de Zoom» es real y tiene causas neurológicas: la sobrecarga de estímulos visuales, la falta de lenguaje corporal completo y la necesidad de mantener la atención constante. ¿Cómo combatirla?

- Ten un inicio potente y un cierre claro. Al principio, capta la atención muy rápido —con una frase gancho o pregunta—, mucho más que en la comunicación presencial. Puedes empezar verificando el estado anímico de tu auditorio y terminar resumiendo o dando una llamada a la acción.

  Yo acostumbro a chequear el estado anímico del público y uso Kahoot! [32] para ello: «¿Cómo estáis hoy? Si tuvierais que definir cómo os encontráis en una palabra, ¿cuál sería?». Si lo preguntas abiertamente es difícil que se suelten, con Kahoot! facilitas que participen, pues solo deben escribir una palabra y su respuesta es anónima. Los resultados te proporcionan información muy valiosa con la que jugar, bromear o decidir el curso de tu reunión, pues si la mayoría contestan que están cansados o aburridos tendrás que prepararte para estar especialmente ingenioso y no alargarte mucho.

- Las reuniones deben ser cortas, no más de una hora, e idealmente cada treinta minutos se debe hacer una pausa. Durante este paréntesis, yo invito a los participantes a abrir la ventana de su habitación y mirar fuera, respirar aire fresco y estirar su cuerpo. Deseo que no dediquen la pausa a mirar «la otra» pantalla: la del móvil para consultar su WhatsApp o redes sociales. No

---

32. Kahoot! es una plataforma gratuita que permite la creación de cuestionarios de evaluación. Es una herramienta en la que el profesor crea formularios en el aula para aprender o reforzar el aprendizaje y donde los alumnos son los participantes. Otras herramientas de aprendizaje interactivo equivalentes son Mentimeter o Blooket.

puedo controlar que me hagan caso, pero bromeo bastante sobre los efectos a largo plazo de una exposición prolongada a las pantallas, o a veces doy un premio al que me muestra cómo se estira frente a su ventana, para animarlos a que lo hagan.

- Evita reuniones consecutivas: deja al menos treinta minutos entre una y otra.

- Define objetivos concretos antes de convocar la reunión: no es de recibo organizar una reunión para «alinear ideas», es demasiado vago, ni que el tema sea «hablar del logo de la compañía» y se acabe comentando si se debe cambiar la máquina del café. Eso eterniza las convocatorias y desanima a cualquiera.

- Si surgen asuntos fuera de la agenda, crea un *parking lot:* es decir, anota los temas extras que van apareciendo para tratarlos en otra reunión, no pretendas ampliar el orden del día ya pactado, porque eso desmoraliza al auditorio.

Y uno más, el consejo definitivo en la comunicación *online*: **integra el aspecto humano**. La vida real puede y debe entrar en las pantallas, eso no te hace menos profesional. Y, como en los actos presenciales, unas gotitas de humor siempre ayudan. Cuando doy videoconferencias y parte del auditorio no enciende su pantalla suelo expresar cómo me siento: «Es raro hablar sin veros, pero confío en que estáis ahí. Gracias por acompañarme», o algo por el estilo. Esto genera empatía y abre la puerta a una conexión más auténtica. Intento recordar que al otro lado hay personas, no pantallas.

Durante la pandemia, una reportera de SkyNews, Deborah Haynes, se hizo famosa porque su hijo se coló en la conexión, entró en la habitación, se acercó a ella y le pidió dos galletas. La reacción de esta madre fue muy espontánea: «Oh, lo siento, es mi hijo, disculpad… Sí, puedes tomar dos galletas», dijo sin perder la sonrisa. Fue un momento sencillamente genial. Hijos, mascotas, interrupciones… no los ocultes, intégralos con naturalidad.

Unos consultores jóvenes me preguntaban qué hacer en ese momento incómodo antes de empezar una reunión por Teams con el cliente, cuando algunos ya están conectados y otros todavía no. Les dije que era una oportunidad preciosa para romper el hielo, relajar el ambiente y generar conexión. ¿Por qué no intentar conocer un poco más a su cliente desde el lado humano? Se pueden hacer preguntas tan sencillas como «¿Desde dónde te conectas hoy?», y «¿Qué tal el clima por ahí?» o simplemente «Gracias por ser puntual, mientras los demás se conectan. ¿Cómo vas? ¿Cómo llevas la semana?». Si se tercia, podemos ir un poco más allá: «¿Tenéis mucho trabajo últimamente?», «¿Cómo están vuestros proyectos?». Son frases abiertas, que no comprometen, simplemente muestran interés por el otro y lo invitan a abrirse. Si se lanzan desde la generosidad y la amabilidad, serán bien recibidas, y pueden ser el hilo del que tirar para generar un vínculo. Al final, al otro lado de la línea hay una persona como tú, con sus anhelos, deseos, intereses e ilusiones.

Al finalizar el colegio, nuestro hijo Alberto recibió varias ofertas de universidades de Estados Unidos para estudiar allí la carrera con una beca de tenis. En todos los casos estudiábamos el currículum de la institución, el perfil de los estudiantes, la posición en el *ranking* tanto de estudios como deportivo y, finalmente, mi hijo, mi marido y yo teníamos una entrevista *online* con el futuro *coach* de tenis. La disputa final estuvo entre dos universidades: Louisville, en Kentucky, y Winthrop, en Carolina del Sur. Ambas jugaban en la categoría superior (NCAA Division I), pero Louisville era más grande, con mejores espónsores, y tenía mucho más presupuesto; por ejemplo, los jugadores viajaban en avión a los torneos, mientras en Winthrop se movían en la clásica furgoneta. Así que, *a priori*, los tres éramos más favorables a la universidad de Kentucky. Todo cambió cuando hablamos con los *coaches* por videoconferencia. El de Louisville fue hierático, apenas gesticuló, explicó fríamente los datos, impresionantes sí, pero sin un ápice de emoción en su rostro. El sureño fue muy natural, cálido, nos pareció que le gustaba su trabajo y lo explicaba con simpatía. Al despedirse dijo una frase sencilla pero que nos llegó al corazón:

«Me encantaría que Alberto jugara con nosotros, creo que se sentirá a gusto y puede crecer como tenista y como persona».

Al colgar nuestro hijo lo tuvo claro: «No voy a pasarme todo el año con alguien que no muestra entusiasmo por tenerme, me voy a Winthrop».

La comunicación *online* no es solo una cuestión técnica, sino profundamente humana. Requiere preparación, presencia, empatía y autenticidad. Y, nuevamente, como en el teatro, comunicar bien ante la cámara es un acto de generosidad: no hablamos para nosotros, sino para los demás. Comunicar *online* es también comunicar con el corazón.

EL APUNTADOR

- Actuar en teatro y en cine requiere de habilidades distintas. La comunicación presencial puede parecer más exigente por su inmediatez y falta de repetición. Sin embargo, la comunicación *online* exige sutileza y control, ya que la cámara amplifica cada gesto y emoción.

- Seis decisiones técnicas clave (encuadre, cámara, luz, sonido, fondo y vestimenta) determinarán la calidad de la conexión con la audiencia.

- Mirar al objetivo de la cámara es esencial para generar cercanía, aunque al principio resulte incómodo hacerlo.

- En las grabaciones los errores permanecen, por lo que conviene revisar, repetir y editar hasta lograr un buen resultado.

- En directos *online*, como webinarios o reuniones por Zoom, la energía y el ritmo deben mantenerse constantes para evitar la desconexión del público.

- La empatía, la autenticidad y el humor son herramientas poderosas para humanizar la comunicación digital.

SE CIERRA EL TELÓN

Cuando se cierra el telón arrancan los aplausos. Los actores saludan, se inclinan, agradecen, sonríen, aceptan ese cumplido que el público lanza con sus palmas. Salen varias veces, hasta que la ovación cesa. Entonces llega ese momento de alivio, de orgullo si están satisfechos con la función, de nostalgia incluso por lo vivido. Y después, el silencio. Cada uno en su camerino frente al espejo se desmaquilla, se despoja del personaje, recupera la persona. Algunos, exhaustos, sienten una calma profunda y necesitan estar solos. Otros, en cambio, experimentan una euforia arrebatadora y buscan el contacto con el otro, desean abrazar, comentar, participar. Todos comparten un sentimiento: la certeza de que han vivido algo único e irrepetible.

Esa es la magia del teatro, la singularidad. Cada noche es única, cada función es irrepetible. Mi intención con este libro ha sido que el lector asimile ese acto fascinante que tiene entre sus manos cada vez que comunica frente a un público. Si lo he conseguido, he ganado un adepto. No será necesario insistir más para que cuide todos los elementos de la comunicación, se prepare a fondo y se motive. El no-actor se habrá transformado en un buen actor.

Mutis por el foro.